LU
ES
BISCUITS
BISCUIT LACTÉ
L U
LEFEVRE UTILE
BR
ELU
LU

L’art du biscuit

GRAND PRIX
LEFEVRE-UTILE
A LA RENOMMÉE
NANTES
PARIS 1900
GRAND PRIX
LEFEVRE-UTILE
L U
PETIT-BEURRE
NANTES
L U
BISCUITS

L'art du biscuit

Patrick Lefèvre-Utile

HAZAN

Je tiens à remercier tous ceux qui, dès le début, m'ont aidé et encouragé à réaliser cet ouvrage, et particulièrement :

Jacques Cailleteau et l'équipe de la D.R.A.C. des Pays de Loire,

Joëlle Naudin et Catherine Manceron,

Franck Bonduelle,

Jean Hardy,

Yves Labbé et la revue ArMen,

Nathalie Léger,

André Engels et Luc Volatier,

ainsi que Julia Olivrain et mon fils Louis.

Préface

La marque LU, née au milieu du XIXe siècle va rentrer dans le XXIe siècle plus forte que jamais au sein du Groupe Danone, premier biscuitier du monde.

Il n'est pas si fréquent qu'une marque, née sous Louis-Philippe, poursuive son expansion internationale avec autant de santé et de vigueur.

Au moment où l'on élabore beaucoup de théories complexes sur le marketing et la personnalité des marques, ce qui frappe dans cette saga c'est, comme le voulaient les fondateurs de LU, la simplicité et la qualité des « ingrédients » : qualité supérieure et régularité des produits à la sortie de l'usine et chez le consommateur grâce aux matières premières, à la technique et à l'emballage ; recherche permanente d'innovations ; modernité des produits devançant l'évolution de la consommation et de la distribution ; volonté d'apporter aux gourmands que nous sommes le plaisir raffiné du goût, des formes et de l'emballage ; innovation encore, consistant, après avoir *bien fait*, à le *bien faire savoir*, en associant, comme LU le pratique toujours aujourd'hui, les artistes de notre époque à la renommée et à la notoriété de la marque.

Il était important que Patrick Lefèvre-Utile retrace et illustre dans ce livre l'histoire de sa famille, car une marque qui, forte de son expérience passée, l'adapte quotidiennement aux réalités de son époque, est éternelle.

C'est le vœu que je forme pour LU.

GEORGES LECALLIER
ADMINISTRATEUR CONSULTANT DU GROUPE DANONE

COLLATION
(BREAKFAST)
BOUDOIR
(à la vanille).
HINDOU
(à la noix de
coco).
EXIGER LA
PETIT-FRANÇAIS
DEMI-LUNE
(vanille).
GOLF (à la noisette).
BEURRÉ NANTAIS
(Sablé LU)
GAUFRE
PAILLE F
PETIT-ÉCOLIER (au chocolat).
MÉLANGE ITALIEN
(au maïs grillé).
HIRONDELLE
MADÈRE (amandes et vanille).
MACARON RICHE
MIAR
GAUFI
PETIT-MOUSSE (à la noisette).
CHANOINESSE GLACÉE
(à l'orange).
NIPPONNE
(à la cerise).
MACARON (au chocolat).
ICEBERG (Grande gaufrette).
CINGALAIS (à la noix de coco).
LE
BISCUIT
PETIT-BEURRE
EST
REPRÉSENTÉ
A SA
GRANDEUR
FLIRT

CRACKNEL
(Échaudé aux œufs).
PETITE
LU LU (au miel).
NOIX DE COCO
MACARON VANILLE
BEURRE AU SEL
(Déjeuner LU)
MACARON FIN
SANS PAREIL
PAIMPOLAISE (à l'abricot).
BINIOU BRETON
LES
AUTRES
BISCUITS LU
SONT
REPRÉSENTÉS
RÉDUITS
D'UN TIERS
GRILLE NANTAIS (Biscotte LU).
OFFICIEL (à la vanille).
DRAEGER, IMP.

Sommaire

LU, histoire d'une esthétique industrielle

Répondant à l'appel de la révolution industrielle, les fortes personnalités qui ont fondé la dynastie des Lefèvre-Utile ont compris – à l'instar des capitaines d'industries de pointe, à la proue de leurs firmes mutantes – la nécessité (face à la concurrence) de bâtir des images de marque solides et cohérentes. Dès lors, dans l'entreprise Lefèvre-Utile, les « chefs de famille » qui eurent à décider et agir chaque fois qu'il fallut faire évoluer cette image en introduisant des produits nouveaux, en adaptant les supports publicitaires et le conditionnement à l'esprit de l'époque ou en ouvrant la production à de nouvelles techniques industrielles le firent et, avec autorité, le firent bien.

L'extension prodigieuse se produit au début du siècle, lorsque la société LU occupe dans l'île de la Gloriette les deux côtés de l'avenue Carnot, et que le pont de la Rotonde qui la prolonge est devenu comme un pont-levis jeté sur la Loire pour donner accès au royaume des Lefèvre-Utile – royaume à l'entrée flanquée, à partir de 1903, de deux tours monumentales, œuvre de l'architecte Auguste Bluyssen. Non seulement l'ensemble architectural consacre la réussite de l'entreprise, mais il devient, par la même occasion, l'emblème de la ville de Nantes. Entre-temps, c'est aussi l'image de la firme qui, avec Louis, le fils des fondateurs, s'est métamorphosée et enrichie de tout ce que la publicité peut alors offrir d'images, images dont le public se montre aussi friand qu'il l'est des succulents biscuits. C'est d'ailleurs avec la forme de ceux-ci que commence à se façonner une image de marque qui se révélera capable de défier le temps.

En 1886, en dessinant le « Véritable Petit-Beurre LU », Louis Lefèvre-Utile signe un chef-d'œuvre. Tout, dans ce biscuit, y compris la couleur – qui, avec ses écarts de teinte, suggère les écarts de cuisson –, évoque la longue tradition. Avec son lettrage emprunté à la broderie, le Petit-Beurre ressemble à un napperon de grand-mère sur lequel vient se poser, à côté d'une tasse odorante et fumante, le biscuit désiré. Poussant plus loin l'observation, un sémiologue verrait peut-être, dans les sept centimètres de la longueur du rectangle et les quatorze festons qui en doublent le chiffre, le symbole d'une célébration répétée chaque jour de la semaine, celle de la dégustation du Petit-Beurre. Autre subtilité dimensionnelle du Petit LU : son épaisseur, telle qu'en en empilant huit, on obtient une hauteur égale à la largeur du biscuit. De là, la possibilité d'une mise en paquet de section carrée de vingt-quatre biscuits (autant que d'heures dans une journée) qui sera intelligemment exploitée. Les problèmes posés par le « packaging » sont d'ailleurs parmi ceux auxquels Louis Lefèvre est le plus sensible. Ainsi,

FLIRT
LEFEVRE UTILE
BISCUITS
LEFÈVRE-UTILE
Mucha

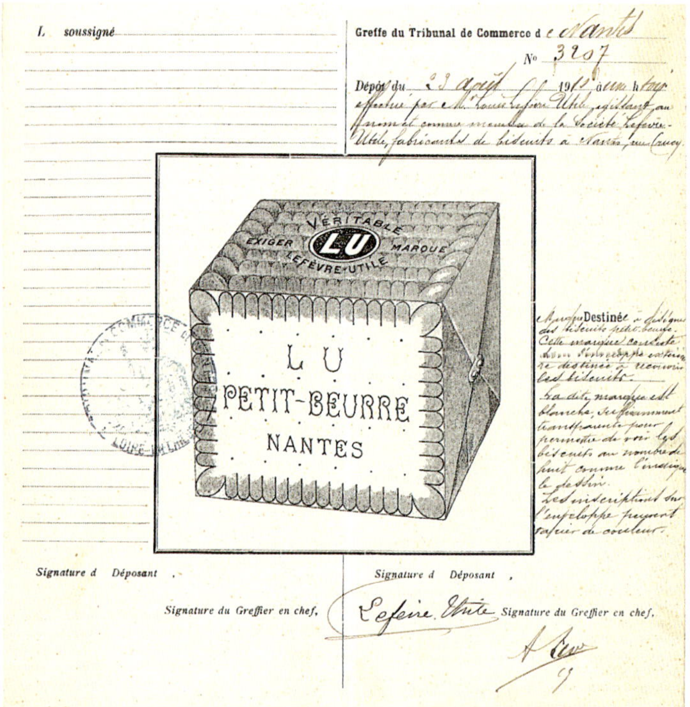

Page précédente : affiche créée par Mucha pour les gaufrettes Flirt.
Ci-dessus : dépôt au greffe du tribunal de commerce de Nantes, en 1910, d'un paquet de huit Petit-Beurre : « Marque destinée à désigner des biscuits petit-beurre. Cette marque consiste dans l'enveloppe extérieure destinée à recouvrir les biscuits. La dite marque est blanche, suffisamment transparente pour permettre de voir les biscuits au nombre de huit comme l'indique le dessin. Les inscriptions sur l'enveloppe peuvent varier de couleur. »

pour résoudre d'emblée celui du Petit-Beurre, il se tourne, comme pour la machinerie, vers la Grande-Bretagne industrieuse dont il adopte les boîtes en fer-blanc qui vont devenir rapidement fameuses. Supports de décors imprimés sur un papier qui vient ensuite, par collage, orner leurs quatre faces et leur couvercle, ces belles boîtes ne sont jamais jetées après usage mais récupérées pour le rangement des articles les plus divers. Promues boîtes à secrets, elles sont amenées, en particulier, à dissimuler aux regards indiscrets bijoux, lettres intimes et autres objets précieux. Soucieux d'accorder au conditionnement un attrait visuel en rapport avec la succulence du contenu, Louis Lefèvre-Utile se préoccupe d'abord de l'excellence des techniques d'impression. Ainsi s'intéresse-t-il à la chromolithographie que Jules Chéret – prince de la publicité, traitant ses affiches comme des tableaux et que Degas appelait « le Watteau des rues » – vient de ramener de Grande-Bretagne, ainsi qu'à l'impression en relief. Pour leur application, il collabore avec Goossens, célèbre imprimeur lillois dont le talent sert la cause industrielle et popularise en particulier, dans le même temps, le « S » gigantesquement majuscule enroulé autour de la ménagère qui œuvre sur sa machine à coudre Singer.

Venu du peuple, Louis Lefèvre-Utile a le respect du peuple et n'imagine pas pour celui-ci des conditionnements modestes. Même lorsque l'emballage est en papier, le décor qui l'orne est de grande qualité. LU est partout. Il participe au folklore urbain par ses affiches signées de grands maîtres tels Firmin Bouisset – dont le petit écolier LU vient rejoindre sur les murs la petite écolière du chocolat Menier – ou Alfons Mucha, grand prêtre de l'Art nouveau – dont les femmes fleurs aux longues chevelures ondoyantes illuminent en ce début de siècle l'image publicitaire. Il y participe aussi par ses publicités murales peintes sur les pignons des immeubles, par les somptueuses présentations de ses produits en vitrines. À Nantes mais aussi à Marseille, Lyon, Bordeaux, les tramways transportent avec eux de grands panneaux-réclames à l'effigie du « Petit-Beurre LU ». Il est de toutes les manifestations et surtout des plus grandes. À l'Exposition universelle de 1900, la tour de trente-six mètres de hauteur qui surmonte le pavillon Lefèvre-Utile d'Auguste Bluyssen projette la nuit, grâce à ses phares tournants, sur la Seine et les pavillons avoisinants, un « faisceau de lumière vive ».

Lefèvre-Utile fait aussi partie du vocabulaire. On le lit, il est « lu ». Il est aussi « élu », comme le proclame, avec son joli papillon, le Biscuit lacté. Petit garçon ou petite fille, il est « Lulu » et d'aucuns l'ont depuis longtemps déclaré « utile ». Cette recherche et ce jeu autour d'une marque qui, réduite à une consonne et à une voyelle, devient prononçable presque identiquement dans de très nombreuses langues confirme le génie publicitaire de Louis.

Outre ce dynamisme qui convient à une entreprise telle que l'a voulue Louis, il convient d'insister sur l'unité, sur la cohérence de l'image qu'il a su, très rapidement, lui donner. Aujourd'hui, on parlerait de « design global ». Et, pour les besoins de cette cohérence, Louis s'est, par deux fois au moins, montré remarquable « product designer ». La première fois, nous l'avons dit, en créant formellement et graphiquement le Petit-Beurre LU ; la seconde fois, en concevant et dessinant en 1905 la surprenante gaufrette Paille d'Or qui suggère, stylisée au maximum et nouée en son milieu, une botte de paille dont chaque brin est rempli d'un succulent jus de framboise. Fondant la protection industrielle de la Paille d'Or sur une technique délicate, Louis fit en sorte que « toujours copié », comme le précise Patrick Lefèvre-Utile, « le savoir-faire ne fut jamais égalé ». Cohérence de l'image, qui joue à la fois sur les produits, les supports publicitaires, les pavillons d'exposition, les bâtiments industriels, et qui nous amène à évoquer, par comparaison, l'action menée quelques années plus tard par l'architecte Peter Behrens dans le cadre de la grande entreprise allemande d'électromécanique A.E.G. Action toujours citée en exemple car, de 1907 à 1914, Behrens dessina les nombreux produits de l'A.E.G., mais également le logotype de la firme et l'ensemble des images publicitaires, conçut les pavillons des différentes expositions auxquelles elle participa, construisit les usines et les cités ouvrières.

La période au cours de laquelle Michel Lefèvre-Utile, fils de Louis, accède à la direction de l'entreprise, est celle des temps difficiles. Celle de la crise économique des années 1930 et celle de la Seconde Guerre mondiale. Mais la volonté de Michel est telle que, durant ces années noires, LU continue à s'imposer sur le marché. Au niveau publicitaire, cela se manifeste, à la fin des années 1930, par une adaptation à l'avant-garde architecturale et graphique du moment, avant-garde qui emprunte à l'esprit rationaliste du « mouvement moderne ». Ainsi, l'Exposition internationale des arts et techniques de 1937 permet-elle d'affirmer l'image de progrès que Michel entend donner à LU. À l'architecte Auguste Bluyssen, qui fut déjà l'auteur de celui de l'Exposition universelle de 1900, est confiée la réalisation du pavillon Lefèvre-Utile. Tirant parti de son extrême simplicité architecturale, Bluyssen prend prétexte de la rigoureuse écriture bâton du sigle LU pour réduire celui-ci à une indication schématique inscrite dans un carré. C'est ce module, basculé alternativement de 90°, qui remplit systématiquement les carreaux du damier ornant les deux murs latéraux du pavillon et qui lui confère une indiscutable originalité. On retrouve aussi ce jeu graphique dans l'emballage du Beurré Nantais.

Dans l'après-guerre, avec Patrick Lefèvre-Utile, petit fils de Louis, l'entreprise va se mettre à vivre à l'heure franco-américaine. Fort d'une expérience positive – celle menée en 1954 avec André Maurus sur une gamme de paquets LU, plus spécialement réservés à l'exportation – Patrick décide en 1956 de confier à Raymond Loewy, grand promoteur de l'esthétique industrielle aux U.S.A., la conception d'un nouveau paquet de Petit-Beurre. Même si Loewy s'inspire assez largement de principes déjà adoptés par Lefèvre-Utile pour des conditionnements anciens – ceux de 1937 qui utilisent déjà le bandeau rouge sur lequel s'inscrit en blanc le logotype –, la métamorphose est totale. Loewy cale le bandeau tout en bout, sur la droite du paquet et, comme il avait si bien su le faire en 1942 avec le paquet de Lucky Strike, en fait ressortir par contraste le rouge sur le fond blanc qui éclaire tout le volume du paquet. Sur ce fond blanc se détache également, détourée, la photographie du Petit-Beurre. L'impression générale qui se dégage du conditionnement est celle d'une remarquable limpidité. Elle suggère à la fois l'hygiène alimentaire et la légèreté. Le modèle défini à partir de cet emballage sera par la suite décliné sur l'ensemble des produits, à partir de normes et de tracés régulateurs rigoureusement établis. Il donnera une image nouvelle, cohérente et forte à Lefèvre-Utile, plus que jamais perçu de loin grâce à son logotype. À son propos, il faut également voir que, si le principe de l'austère caractère bâton a été adopté, dès le début, par Jean-Romain Lefèvre-Utile, la police de caractères, elle, a subi au cours des années de fréquentes modifications. Avec Raymond Loewy, le logo est définitivement inscrit dans une grille et, de ce point de vue, son tracé s'apparente à celui adopté à la même époque par la firme Braun, après l'intervention d'un grand interprète de la pensée fonctionnaliste, le graphiste allemand Otl Zicher. Ce remarquable exercice de « Corporate identity » (domaine dans lequel Loewy s'est si souvent montré expert) fut si bien réussi qu'ayant permis à LU d'obtenir en 1958 « l'Eurostar for packaging », il sous-tend aujourd'hui encore sans changement notable l'image de LU.

Raymond Guidot

1846/1900

Le jeune Lefèvre et Mademoiselle Utile

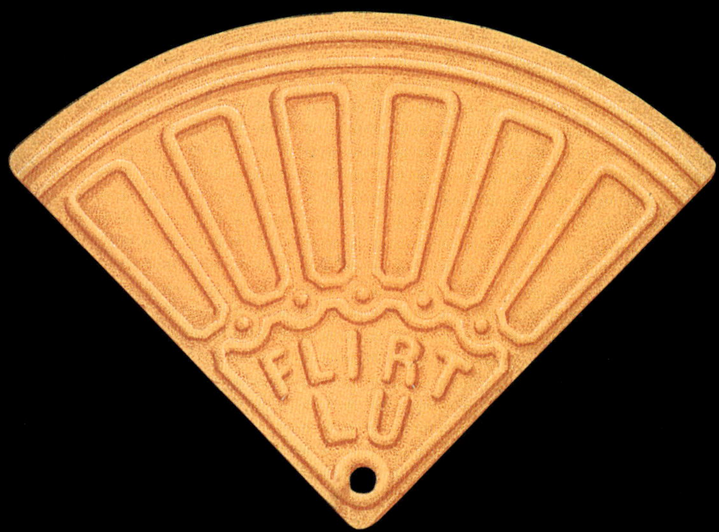

L'histoire de la famille Lefèvre-Utile commence un beau jour de 1846. Ce matin-là, mon arrière-grand-père, Jean-Romain Lefèvre, pâtissier de son état à Varennes-en-Argonne, dans la Meuse, reçoit une lettre de Bretagne. Un ami de la famille lui annonce qu'une place de pâtissier est à prendre dans la ville de Nantes. La crise frappe alors durement le pays et l'aubaine est à saisir : ce célibataire de vingt-sept ans fait aussitôt ses paquets et tente l'aventure.

La pâtisserie est située au 5 de la rue Boileau, en plein cœur de Nantes. Premier port de France, la ville est riche de son commerce maritime en pleine expansion. Le jeune pâtissier est bien décidé à faire connaître les spécialités dont il a le secret. Aux Nantais, habitués des biscuits de mer ou amateurs de biscuits anglais, il propose ses recettes de l'est de la France : Biscuits aux œufs, Massepains et Macarons, sans oublier les célèbres Biscuits de Reims. L'affaire démarre modestement : les premiers biscuits sont cuits dans une remise et vendus sur une table dans la cour à la sortie du four.

Quatre ans plus tard, le 7 octobre 1850, Jean-Romain retourne à Varennes y épouser Pauline-Isabelle Utile, native de Marle, dans l'Aisne, une ville de confiseur. Mlle Utile a vingt ans, elle est « marchande à Varennes ». Les jeunes mariés regagnent Nantes sitôt après la noce et rachètent la pâtisserie. Pauline-Isabelle mène le commerce de main de maître ; Jean-Romain, excellent pâtissier, veille à la qualité et à la stabilité de la production. « Dès le début, Romain Lefèvre, convaincu que la qualité du produit et la régularité de la fabrication sont les plus sûrs garants de toute réussite commerciale, s'attacha à fabriquer des bis-

Page précédente, en haut : les quatorze pâtissiers dans la cour intérieure des 5 et 7 de la rue Boileau, devant la remise où était installé un four tournant, vers 1885. Isabelle Lefèvre est cachée derrière la deuxième porte (seuls ses yeux sont visibles).

Page précédente, en bas : papier à lettres à en-tête de la première raison sociale, 1850. Les bonbons secs sont vraisemblablement des Bergamotes de Nancy.

Ci-dessus : Jean-Romain Lefèvre et Pauline-Isabelle Utile, vers 1860.

cuits d'espèces peu variées, il est vrai, mais de qualité toujours supérieure et surtout constante. Les gourmets surent apprécier de pareils avantages et se chargèrent eux-mêmes de faire la réputation de la maison », relate la *Revue des spécialités alimentaires* du 12 juillet 1889.

Bien située, la rue Boileau devient l'une des plus fréquentées de la ville et leur petite pâtisserie, inscrite au registre du commerce sous l'intitulé « Fabrique de Biscuits de Reims et de bonbons secs » (probablement des Bergamotes de Nancy), commence a être localement réputée. Conséquence du succès, l'exiguïté de l'atelier ne tarde pas à se faire sentir et il faut songer à un agrandissement. Grâce à une aide substantielle de la famille Utile, mes arrière-grands-parents peuvent enfin ouvrir en 1854 une rutilante pâtisserie, au 7 de la rue Boileau (angle Chapeau-Rouge).

Sur les étagères, les biscuits destinés à la décoration sont présentés avec goût dans de beaux présentoirs. Ceux destinés à la vente sont disposés par spécialité dans des coupes de cristal sur pied, et les consommateurs composent à leur convenance des assortiments de biscuits : Boudoir ou Table d'Hôte, Cuillers divers, Biscuits aux œufs, Biscuits de Reims, Biscuits glacés à la vanille, Biscuits Champagne, Tom Pouce, Biscuits Mignons, Chablis, Langue de Chat, Duchesse, Massepains, Macarons et merveilleux Petits Fours aux amandes. Les vendeuses saisissent chaque variété avec une pince, enveloppent le tout dans du papier sulfurisé et le glisse dans un pochon de papier imprimé.

Page précédente : l'intérieur du magasin, vers 1854.

Ci-dessus : le magasin du 5 et 7 de la rue Boileau, à l'angle de la rue du Chapeau-Rouge, succédant à la pâtisserie située dans l'immeuble voisin, au n° 5, vers 1854.

Ci-dessous : le comptoir, en chêne et marbre.

Double page suivante : les vendeuses, à la même époque.

UTILE

Ci-dessus : présentoir sur pied et plateau en cristal datant de 1895.

Ci-dessous : pliage en papier imprimé imitant un panier en osier, vers 1880.

Page suivante : premier sac en papier, d'une contenance d'une demi-livre, portant la raison sociale « Fabrique de Biscuits de Reims », 1860.

n° 8.
8000
1/2 livre
Glosso
n° 10
A LA RENOMMÉE
Fabrique de Biscuits de Reims.
LEFÈVRE-UTILE
Rue Boileau, 5,
NANTES.

Par la suite, on pourra emporter ses biscuits dans un panier en papier imprimé décoré façon osier, garni de papier sulfurisé, plié sur le dessus et fermé d'un bolduc de lin multicolore. S'il s'agit d'un cadeau à offrir, on peut choisir une boîte en carton habillée de papier collé illustrant des scènes champêtres ou enfantines en couleurs.

Par les matières premières de qualité supérieure employées dans sa fabrication, le biscuit est alors un produit de choix. On offre des biscuits à l'occasion d'une invitation dominicale ou d'un dîner en ville, pour fêter une naissance ou prodiguer des remerciements. Aussi, les boîtes destinées aux cadeaux ont-elles toujours fait l'objet d'une réalisation extrêmement soignée. Le client plus pressé, ou désireux de ne consommer qu'une seule sorte de biscuits, peut faire l'achat de paquets déjà assemblés et retenus par une bande imprimée dont la couleur varie avec la spécialité. Très rapidement, les noms des fondateurs, sobrement associés par un trait d'union, figurent sur les emballages puis sur l'enseigne de la pâtisserie nouvellement agrandie : « Lefèvre-Utile », dont les seules initiales vont bientôt suffire à désigner la marque.

Jean-Romain Lefèvre et son épouse imaginent d'y joindre une figurine de la Renommée, divinité allégorique représentée par une femme ailée embouchant une trompette. Ce vocabulaire propre à l'histoire de l'art est, depuis fort longtemps déjà, passé dans le domaine populaire. Ce symbole,

gage du renom de la marque, signera jusqu'en 1943 toutes les productions de la maison.

En 1882, Jean-Romain Lefèvre remporte la médaille d'or à l'Exposition de Nantes ; c'est la plus haute distinction accordée à l'industrie alimentaire. Dès lors, les quatorze ouvriers qui s'activent dans les cent cinquante mètres carrés de l'atelier ne parviennent plus à faire face à la demande. Jean-Romain décide, en complément de la production maison, de commercialiser dans le magasin des produits anglais, comme les fameux biscuits Huntley & Palmers. Il voit également dans cette commercialisation le moyen de mieux connaître ces produits concurrents et – pourquoi pas ? – de s'en inspirer pour des réalisations à venir.

Ci-contre : bandeau en papier portant la première Renommée, les médailles, les adresses des magasins de Nantes, Nancy et Bruxelles, 1850.

Ci-dessus : papier d'emballage « À la Renommée », 1891.

Ci-dessous : bandeau en papier comportant l'adresse du magasin et la nouvelle figurine de la Renommée, vers 1886.

BISCUITS
TOM POUCE
BISCUITS
TOM POUCE
BISCUITS
TOM POUCE
BISCUITS
TOM POUCE
BISCUITS
TOM POUCE

Tom Pouce

Page précédente et ci-dessous : différents bandeaux de papier fermant les paquets du biscuit Tom Pouce, 1881. Dérivée des Biscuits de Reims, la pâte de ce biscuit est préparée à la batteuse et parfumée à l'essence de citron.

Ci-contre : napperon en papier imprimé encadré de dentelle, 1882.

Biscuits Mignons

Étiquettes destinées au couvercle des boîtes, 1903.

Au centre : boîtes en carton de Biscuits Mignons. Ceux-ci sont dérivés des Biscuits de Reims aux œufs et à la vanille.

BISCUITS MIGNONS
LEFÈVRE-UTILE

Louis Lefèvre-Utile en 1886.

Trois enfants étaient nés : Ernest en 1851, Pauline en 1855 et Louis en 1858. Ce dernier fait des études au lycée de Nantes puis, la santé de son père déclinant, apprend le métier et travaille à ses côtés. Attentif à la concurrence, il voyage, s'informe, expérimente et compare de nouvelles techniques de biscuiterie. En 1882 – l'année de la médaille d'or –, il se marie, rachète l'affaire de son père et décide, à vingt-quatre ans, de battre les Anglais sur leur propre terrain. « Louis Lefèvre savait parfaitement que les biscuits anglais, si en faveur en France, étaient entièrement composés de matières premières venues de France. Ne savait-il pas que la Vendée et la Bretagne expédiaient depuis de nombreuses années des wagons entiers d'œufs pour l'Angleterre ? Ne savait-il pas que le sucre pur canne de Nantes était très apprécié sur les marchés étrangers ? Enfin, la Bretagne n'est-elle pas là, aux portes de Nantes, avec ses pâturages qui donnent un beurre connu dans le monde entier ? En un mot, Nantes était mieux placé que n'importe quelle ville de France pour la fabrication de ces fameux biscuits dont les Anglais paraissaient avoir le monopole », explique la *Revue des spécialités alimentaires* de 1889.

Dès novembre 1882, Louis Lefèvre-Utile quitte la rue Boileau, de trop petite envergure, et s'installe dans les locaux de l'ancienne filature Bureau, sur le quai Baco, face à la Loire et au château des ducs de Bretagne, à quelques centaines de mètres de la gare d'Orléans. Il désire y établir une manufacture de biscuits équipée de machines ultra-modernes et desservie par voies d'eau. Pour mieux se consacrer à la fabrication et à la diffusion de ses produits, il s'adjoint les compétences commerciales et administratives de son beau-frère, Ernest Lefièvre ; associés, ils fondent la société LU le 1er février 1887. Pendant ce temps, son frère aîné développe un premier dépôt à Paris, 5 rue du Renard, établissant ainsi en direction de la capitale un réseau de commercialisation dynamique et fiable. Mais le projet de modernisation de l'entreprise familiale ne s'arrête pas là. Il s'agit maintenant de développer la gamme des produits et de travailler à la notoriété de la marque. Mon grand-père se passionne pour la forme des spécialités qu'il invente et dessine, tout en concevant paquetage et conditionnement.

Ci-dessus : l'atelier de conditionnement de l'ancienne filature, quai Baco.

Ci-dessous, à gauche : l'atelier de préparation des matières premières.

À droite : l'atelier de fabrication des biscuits. On distingue un laminoir, une découpeuse et, au fond, un four.

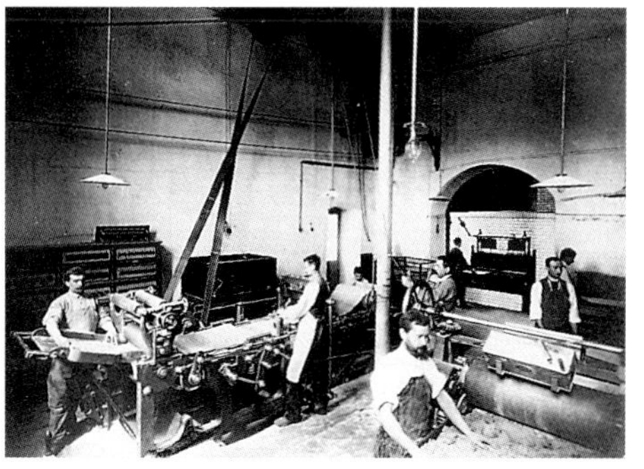

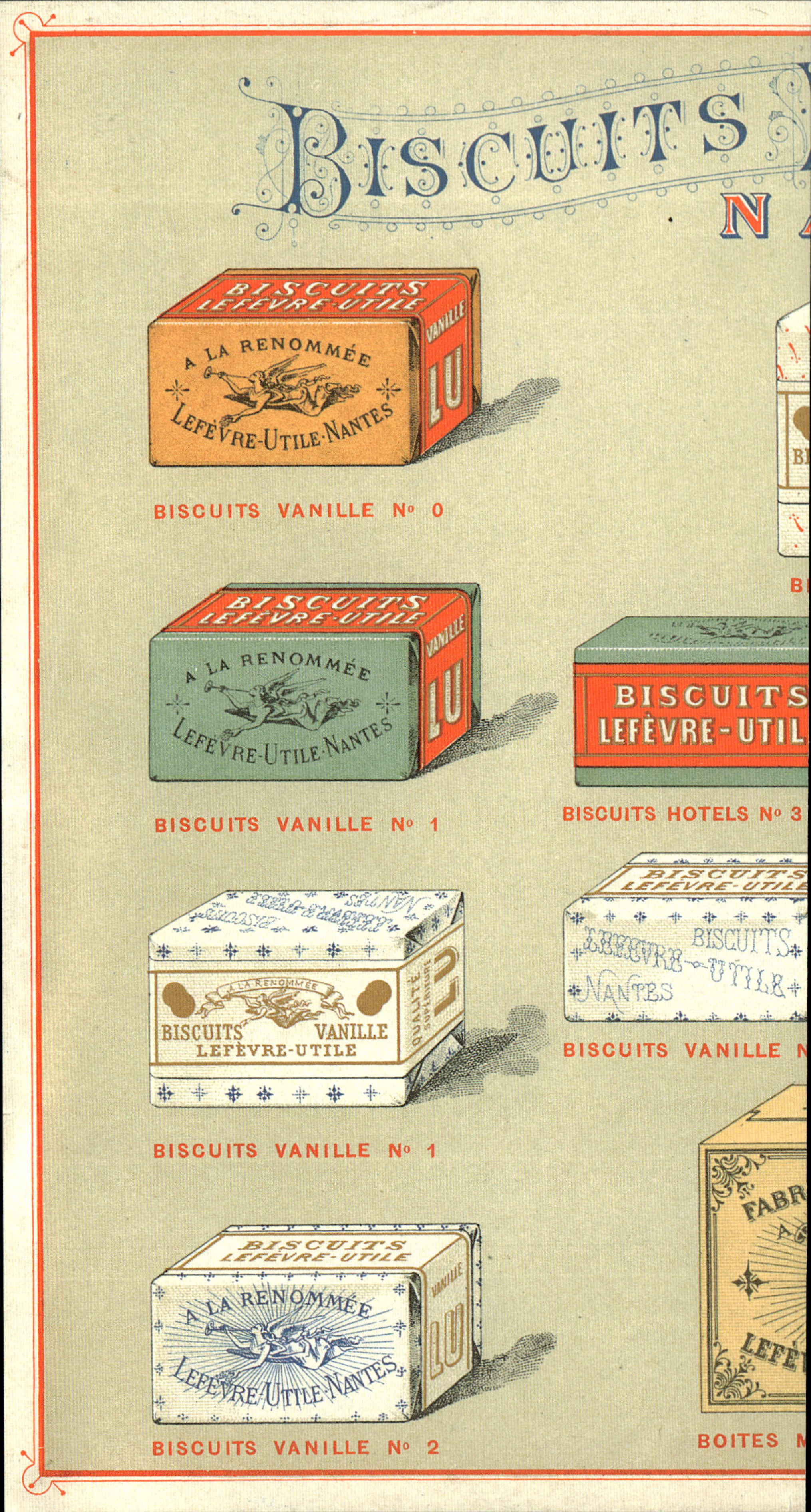

Tableau en carton imprimé destiné à faire connaître les différents Biscuits aux œufs fabriqués par Lefèvre-Utile. Imprimeur Guéneux Frères, Nantes, 1905. Ces paquets sont en papier imprimé plié en bout et fermé par un bandeau où figurent le nom du biscuit, la Renommée, les médailles, la marque LU.

EFÈVRE-UTILE
NTES

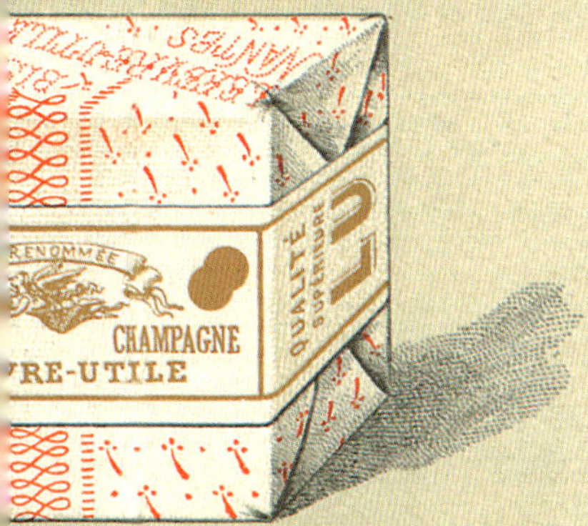

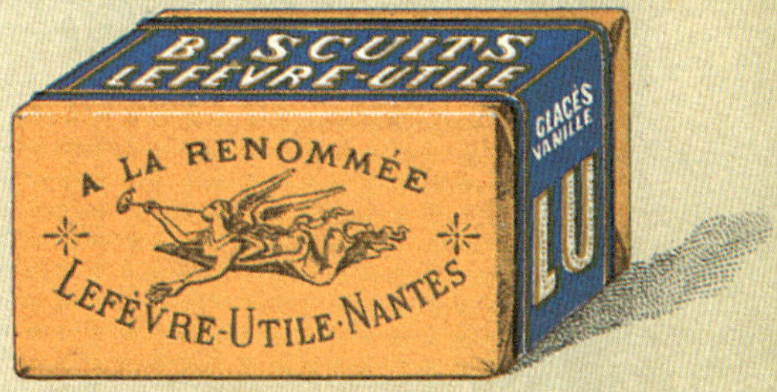

BISCUITS GLACÉS Nº 0

S CHAMPAGNE

E

BISCUITS HOTELS Nº 3 GLACÉS

BISCUITS GLACÉS Nº 1

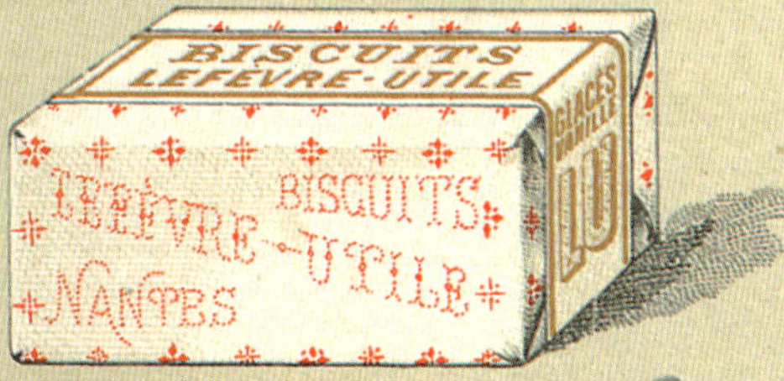

BISCUITS GLACÉS Nº 4

BISCUITS GLACÉS Nº 1

AINS 250 & 500 GR.

BISCUITS GLACÉS Nº 2

JÉNEUX Frès, NANTES

La Renommée et l'usine du quai Baco

Ci-contre : gravure de la Renommée, emblème de la qualité depuis les années 1850, dont l'aspect graphique est définitivement fixé en 1886 par Eugène Quinton (*ci-dessus*).

Ci-dessous, à gauche : projet d'habillage destiné aux boîtes format « tin » comportant un croquis d'implantation de l'ancienne Renommée et, sur la face latérale, la première usine LU, quai Baco, 1882.

Ci-dessous, à droite : l'« oncle Gaudin », grâce à la fortune duquel Louis Lefèvre-Utile a pu racheter la filature Bureau pour y installer sa première usine, en 1882.

Page suivante : face latérale d'un habillage de boîte format « tin » lithographié en couleurs, 1895.

LEFÈVRE-UTILE
BISCUITS
LEFÈVRE - UTILE
MAISON DE VENTE
Rue Boileau, 5
MANUFACTURE
Quai Baco (en face le Château)

À la tête de la nouvelle usine de production, Louis Lefèvre-Utile imagine de nouveaux biscuits. L'un d'eux, le « Petit-Beurre LU », connaît un succès foudroyant. Ses caractéristiques, décrites ici par son créateur, mettent l'eau à la bouche : « Qu'on se figure un biscuit de forme carrée, longue, aux bords découpés en festons arrondis, qui croque sous la dent sans s'émietter, qui fond dans la bouche en y laissant un goût exquis sans être trop prononcé. Ce n'est pas le biscuit d'origine britannique, sec comme une Anglaise en route pour l'Exposition, fade comme le navet bouilli dont raffolent nos voisins d'outre-Manche, insipide comme un jour de brouillard sur la Tamise, c'est un biscuit vraiment français, vraiment breton, avec une pointe de sucre, un nuage de lait, un doigt de ce beurre succulent qui a valu à nos départements armoricains une renommée universelle. C'est là le Petit-Beurre LU qui a fait immédiatement florès en France et à l'étranger. » Ajoutons que sa surface doit être satinée, lisse et de couleur dorée naturelle, son pourtour festonné plus cuit et les angles d'un doré plus foncé. Ce feston a été particulièrement soigné par Louis Lefèvre-Utile : il en affirme le relief et insiste sur le dessin des angles, que petits et grands croquent en premier. Le succès de ce biscuit est considérable et la totale fidélité des consommateurs confirme cette réussite pendant des décennies.

Dès 1889, la *Revue des spécialités alimentaires* tente d'expliquer les raisons du succès : « Ce qu'il y a de plus difficile dans l'industrie, peut-être faut-il dire dans l'art de la biscuiterie, ce n'est pas de conquérir la vogue pour un nouveau

Le Petit-Beurre LU

Ci-dessous : premier croquis, de la main de Louis Lefèvre-Utile, du découpoir du Petit-Beurre, surmonté d'un abécédaire indiquant le graphisme des lettres, début 1886.

Page suivante : dessin de l'empreinte définitive du découpoir du Petit-Beurre daté du 8 septembre 1886, retrouvé en 1946 dans les archives du constructeur de machines anglais T. & T. Vicars à Newton-le-Willow.

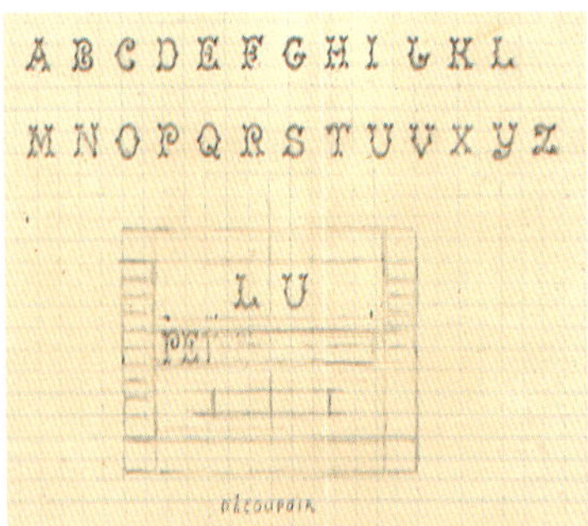

70
L U
PETIT-BEURRE
NANTES
6½
6½
6½
6½

Le Petit-Beurre LU

Ci-dessus : en dépôt au greffe du tribunal de commerce de Nantes de l'habillage destiné à la boîte en métal d'une livre du Petit-Beurre, 1904.

Page suivante : première réclame du Petit-Beurre. Affiche chromolithographiée, 1886.

produit, c'est de la conserver et de l'étendre. En vertu du proverbe : "Tout nouveau, tout beau", les gourmets qui sont friands de bonnes choses se jettent volontiers sur un gâteau inédit, sur un petit four d'invention récente, mais ils finissent bientôt par en avoir assez de ce qui est succulent, trop parfumé, trop sucré, et le conteur de fables qui a écrit le Pâté d'Anguilles avait cent fois raison. La vogue vient vite à ces produits-là, elle s'enfuit plus rapidement encore. Elle est au contraire fidèle à ce biscuit qui, n'exagérant ni le parfum subtil, ni la dose de sucre, plaît à tout le monde sans provoquer la satiété. Qui donc se lasserait de manger du bon pain blanc à la croûte dorée ? Personne. Eh bien, personne non plus ne se lassera du nouveau biscuit que vient de lancer la maison Lefèvre-Utile, sous ce titre qui deviendra, qui est déjà devenu populaire : Petit-Beurre. »

Louis Lefèvre-Utile dépose la forme et la marque Petit-Beurre LU au tribunal de commerce de Nantes en 1888. Mais d'autres « petit-beurre » existent déjà, gâteaux secs confectionnés par quelques fabricants nantais et bordelais. Pour cette raison, LU n'obtient pas l'exclusivité de cette dénomination ; celle-ci reste le terme générique appliqué à cette sorte de biscuit. Une chose est sûre, c'est qu'au moment où Louis Lefèvre-Utile parachève la recette inégalée de son « Petit-Beurre », il dessine lui-même le modèle définitif du découpoir dont l'empreinte, datée du 8 septembre 1886, est précieusement conservée dans les archives du constructeur de machines anglais T. & T. Vicars. Cet homme ambitieux et exigeant est animé d'une si haute idée du travail de son entreprise que rien de ce qui participe à la fabrication de ses produits ne lui échappe : il intervient à chaque étape du processus, attentif à la qualité de tous les produits.

BISCUITS
LEFÈVRE-UTILE
NANTES
L.U
PETIT-BEURRE
NANTES
LES PLUS HAUTES RÉCOMPENSES DÉCERNÉES AUX BISCUITS
PETIT-BEURRE
QUALITÉ SUPÉRIEURE
VÉRITABLE PETIT-BEURRE
EXIGEZ LA MARQUE L.U.

BISCUITS LEFÈVRE-UTILE
NANTES
L U
PETIT BEURRE
NANTES
LES PLUS HAUTES RÉCOMPENSES DÉCERNÉES AUX BISCUITS
PETIT-BEURRE
SUPÉRIEURE
VÉRITABLE PETIT-BEURRE
EXIGEZ LA MARQUE L.U.
A. BAUMANN, AGENT POUR L'EXPORTATION.
IMP. F. CHAMPENOIS _ PARIS

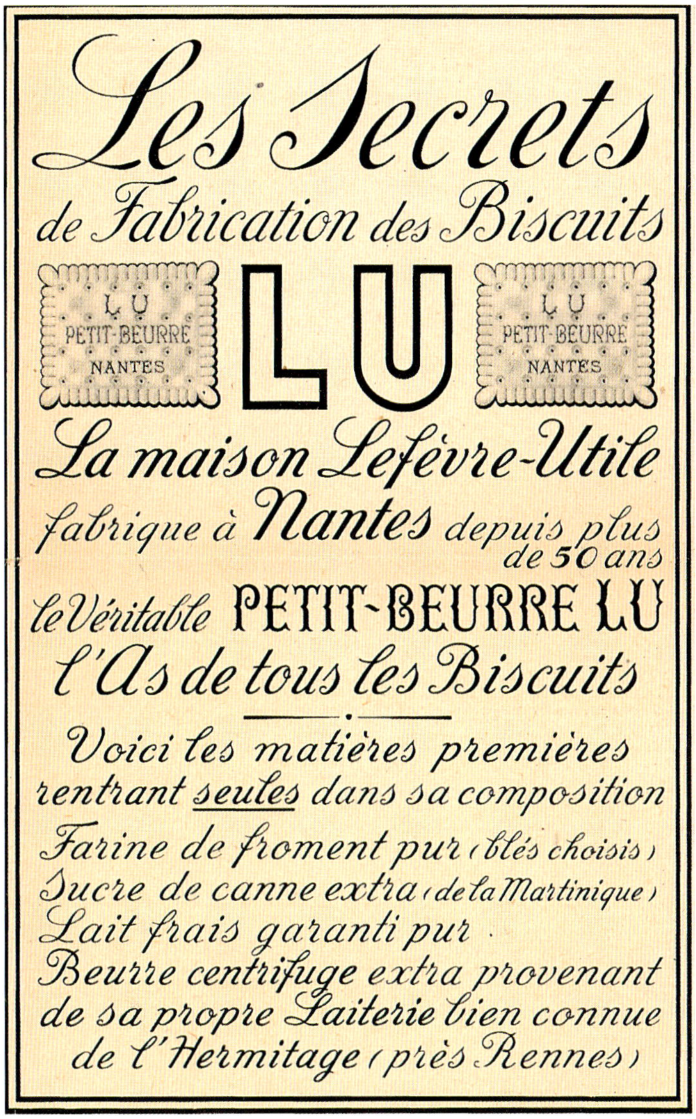

Les Secrets
de Fabrication des Biscuits
LU PETIT-BEURRE NANTES
LU
LU PETIT-BEURRE NANTES
La maison Lefèvre-Utile
fabrique à Nantes depuis plus de 50 ans
le Véritable PETIT-BEURRE LU
l'As de tous les Biscuits
Voici les matières premières
rentrant seules dans sa composition
Farine de froment pur (blés choisis)
Sucre de canne extra (de la Martinique)
Lait frais garanti pur
Beurre centrifuge extra provenant
de sa propre Laiterie bien connue
de l'Hermitage (près Rennes)

Le Petit-Beurre LU

Page précédente : réclame du Petit-Beurre, affiche chromolithographiée, 1892.

Ci-dessus : imprimé vantant les qualités du Véritable Petit-Beurre LU (« l'As de tous les biscuits ») et précisant les secrets de la recette.

À droite : présentoir en cristal destiné au magasin de la rue Boileau à Nantes.

Les Biscuits aux œufs

Ci-contre et page suivante : habillages imprimés destinés aux boîtes en métal des Biscuits aux œufs Table d'Hôte, Champagne, Madère et Boudoir. Imprimerie moderne, Nantes, 1891.

Ci-dessus : cachet servant à maintenir le papier cristal qui protégeait les boîtes.

Biscuits
BOUDOIR
Lefèvre-Utile

LES PLUS HAUTES RÉCOMPENSES
MÉDAILLE D'OR
NANTES 1882
DIPLÔME D'HONNEUR
NANTES 1886
MARQUE DÉPOSÉE
LEFÈVRE - UTILE NANTES

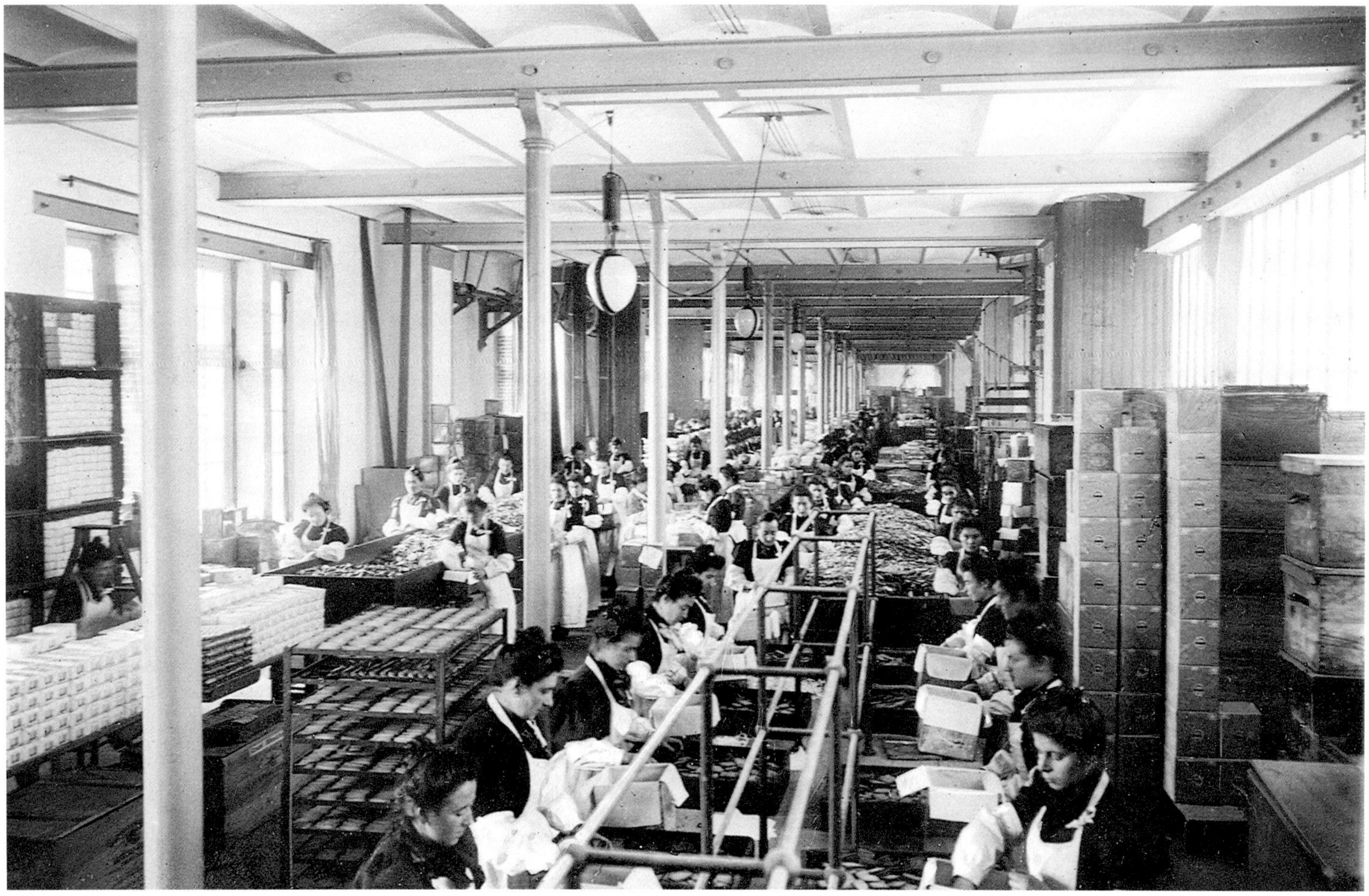

Ci-dessus : l'atelier de conditionnement de l'usine, dans les années 1900. Les ouvrières remplissent les boîtes et confectionnent les paquets.

Ci-contre : la ferblanterie, dans les années 1900.

Double page suivante : gravure de l'usine et du siège utilisée sur les habillages de boîtes, 1892.

Jusqu'à la fin du XIXe siècle, la plupart des produits d'épicerie sont couramment vendus en vrac. Le développement des circuits de distribution des produits nécessite de concevoir un emballage de meilleure qualité qui puisse assurer une meilleure conservation et une protection plus efficace. Dès la sortie du four, les biscuits sont d'abord rangés verticalement dans des caisses en bois à fond grillagé afin d'assurer un parfait refroidissement aux produits avant qu'ils ne soient mis en boîte, et afin de laisser déposer les miettes. Ces caisses sont ensuite disposées sur un

LU
LU
LU
PETIT-BEUR
MANUFACTURE BISCUITS LEFEVRE-UTI

LU
LU
LU
PETIT BEURRE
NANTES
L
U
LEFEVRE-UTILE

Ci-dessous : boîte de Petit-Beurre format « tin » munie d'un couvercle vitré, destinée à la vente en magasin.

Page suivante : face principale des habillages destinés à être collés sur les boîtes en fer-blanc format « tin ». Afin de fixer définitivement les couleurs qui devaient caractériser la marque LU, Louis Lefèvre-Utile fait appliquer différentes couleurs et compositions suivant le contenu. La figure de la Renommée est définitivement adoptée. Impression lithographique sur papier, Imprimerie moderne, Nantes, vers 1892.

plan de travail incliné face aux ouvrières qui les placent très rapidement dans des boîtes en fer-blanc préalablement garnies de papier sulfurisé. D'invention britannique, le format standard de ces boîtes en fer-blanc a été initialement établi par les biscuitiers anglais sous trois formats : tin, demi-tin et quart de tin, afin d'utiliser le plus rationnellement possible la feuille de fer-blanc étamé. Né en même temps que l'industrialisation du biscuit, l'usage de la boîte en fer-blanc à couvercle recouvrant est d'un usage facile et d'un coût modéré. La boîte est ensuite habillée de papier imprimé, cet habillage ayant plusieurs fonctions : il garantit la fraîcheur des biscuits puisque, pour ouvrir, il est nécessaire de couper le papier qui joint le couvercle à la boîte ; d'autre part, il assure l'identification des produits ; enfin, il devient rapidement un support de valorisation de la marque, une surface de « réclame » très efficace qui requiert tous les soins des illustrateurs. Chaque image imprimée est systématiquement accompagnée de la figure de la Renommée, des médailles et récompenses, du nom du produit, d'une vue des usines et de la raison sociale. Un système de consigne assure à cet emballage un emploi renouvelé et économique. Par ailleurs, LU met les procédés les plus modernes de son époque au service de sa production, et notamment l'application de dessins polychromes sur des surfaces métalliques. L'avenir n'appartient-il pas à ceux qui joignent tradition du goût et innovation des formes ?

LEFÈVRE-UTILE
A LA RENOMMÉE
MÉLANGE CHOISI
LU
MARQUE DE FABRIQUE
NANTES

LEFÈVRE-UTILE
A LA RENOMMÉE
BOUDOIR
LU
MARQUE DE FABRIQUE
NANTES

LEFÈVRE-UTILE
A LA RENOMMÉE
CROQUETS RAISINS
LU
MARQUE DE FABRIQUE
NANTES

LEFÈVRE-UTILE
A LA RENOMMÉE
HIRONDELLES
LU
MARQUE DE FABRIQUE
NANTES

Ci-dessus : boîte soudée destinée à l'exportation dans les pays tropicaux, années 1900. Fermée avec une mince feuille de fer-blanc, elle dispose d'un système d'ouverture breveté par LU – fil de fer et anneau – qui permet d'ouvrir la boîte en déchirant le métal tout en préservant le couvercle.

Page suivante : affiche chromolithographiée montée sur zinc, 62,5 x 45 cm, 1896. Cette image fut également utilisée pour un calendrier.

« Pour susciter la gourmandise, rien de tel que de séduire l'œil », affirmait Louis Lefèvre-Utile. Il a très vite la certitude que l'illustration doit être à la mesure du produit qu'elle vante. Désireux de donner à l'emballage autant d'attrait que le biscuit a de saveur, Louis Lefèvre-Utile est à l'affût des techniques d'impression lithographique les plus élaborées : il s'intéresse à l'étiquetage en relief, se penche sur les réalisations de la chromolithographie récemment importée d'Angleterre et imagine de nouveaux procédés de présentation, sachant que ceux-ci doivent d'une part se faire le vecteur de l'information et d'une illustration de qualité, et d'autre part protéger et conserver.

Beaucoup de ces procédés font l'objet d'une concurrence acharnée entre les firmes. C'est à qui innovera le premier pour s'attirer les faveurs d'un public passionné d'illustrations. La sophistication des images est le gage de la qualité du produit. Lefèvre-Utile le sait bien, lui qui va jusqu'à Lille collaborer avec le célèbre imprimeur Goossens. Il suscite même l'installation, à Nantes, de l'un des collaborateurs du maître lillois, M. Vanden Brugge, qui y fonde l'Imprimerie moderne.

En 1880, on découvre et on raffole des affiches. Jules Chéret, qui en a révolutionné la technique, est le premier à la concevoir comme un tableau. Il favorisait ainsi l'irruption de l'art dans le domaine populaire et ouvrait le chemin de fructueuses collaborations entre artistes et industriels. Louis Lefèvre-Utile saura tout de suite utiliser le pouvoir de ces images séduisantes pour le plus grand plaisir des consommateurs. Guidé par un goût très sûr, amateur de peinture et abonné aux principales revues d'art et de voyage, il collabore étroitement avec des illustrateurs, imposant souvent ses critères et ses préférences. Il sait s'entourer d'illustrateurs de talent et réunit d'abord autour de lui les meilleurs artistes de la région. Les liens familiaux que les Lefèvre-Utile conservent dans l'est de la France lui permettent de découvrir très tôt les recherches plastiques de l'école de Nancy. Regroupés autour du verrier et céramiste Émile Gallé, un groupe de jeunes artistes (dont les frères Daum, Louis Majorelle, Victor Prouvé) issus de l'école des beaux-arts de Nancy travaillent à renouveler les arts décoratifs en s'inspirant de motifs floraux. Cette petite société, qui se définit comme une « alliance provinciale des industries de l'art », jette les bases de ce qui deviendra, une

BISCUITS
LEFÉVRE-UTILE
LU
1896
LEFÉVRE-UTILE
PETIT BEURRE

LU
LU
LU
LU
LU
PETIT-BEURRE
LU
Firmin Bouisset
1897
BISCUITS
LEFÈVRE-UTILE

dizaine d'années plus tard, l'Art nouveau. Louis Lefèvre-Utile, qui apprécie leur travail, fait part de ses découvertes et de ses engouements à ses collaborateurs. À cette époque, les ateliers d'impression sont des lieux de rencontres, d'échanges et d'innovations.

Louis fait ainsi la connaissance d'Eugène Quinton, ancien élève de Cartellier, plusieurs fois lauréat du Salon de Paris, à qui il demande de fixer définitivement la forme graphique de la figure de la Renommée utilisée depuis 1850. Cet emblème de la marque, qui figure sur tous les conditionnements, emballages et publicités des produits LU, est officiellement déposé en 1895. Il passe commande à l'un de ses amis peintres, Alexis de Broca, natif du Havre et résidant à Nantes, qui illustrera les boîtes en métal lithographiées avec diverses vues de Nantes : la Loire et l'usine LU, le port, la chambre de commerce, ou encore le théâtre Graslin illuminé un soir de représentation... Mon grand-père collabore également avec Firmin Bouisset, célèbre lithographe, illustrateur, affichiste. Élève de Cabanel, Bouisset expose au Salon depuis 1880 et il s'est forgé une solide réputation de portraitiste d'enfants. Lorsqu'il rencontre Louis Lefèvre-Utile en 1897, il vient d'achever une affiche pour les chocolats Menier représentant une petite fille portant un panier rempli de tablettes de chocolat et qui, dos au public, écrit à la craie sur le fond de l'affiche : « Évitez les contrefaçons. » Cette affiche a du succès et Louis envoie au peintre un croquis de son fils Michel qu'il a lui-même réalisé. S'il y a une petite fille Menier, pourquoi ne pas créer un petit écolier LU ? C'est ainsi que Firmin Bouisset réalise le Petit Écolier de la célèbre affiche du Petit-Beurre LU dont le lettrage reprend la ligne très légèrement ornementée du monogramme dessiné par Louis sur le découpoir du biscuit. L'affiche eu tant de succès qu'en 1945 on en fait encore des retirages ! Peu de publicités peuvent aujourd'hui s'enorgueillir d'une telle longévité... Enfin, Luigi Loir a dix-huit ans lorsqu'il rencontre Louis Lefèvre-Utile. Ce jeune peintre est né à Goritz en Autriche en 1883 de parents français. Après l'école des beaux-arts de Parme, il travaille à Paris. Sa peinture marque une prédilection pour les couchers de soleil sur la capitale, les scènes nocturnes sur les grands boulevards ou les bords de Seine. Luigi Loir a longtemps collaboré avec LU, réalisant quelques-unes des plus fameuses images de la marque.

Page précédente : affiche chromolithographiée en 14 couleurs de Firmin Bouisset représentant le Petit Écolier, 55 x 36,5 cm, 1887. Celui-ci porte la croix de la récompense sur son tablier et un panier d'osier.
Ci-dessus : esquisse originale de Firmin Bouisset.

Boîte qualifiée à tort d'« émaillée » en raison de l'impression lithographique vernie qui lui donne un aspect brillant.

À gauche : couvercle de la boîte en métal représentant la manufacture Lefèvre-Utile d'après une œuvre d'Alexis de Broca, 1895.

Ci-dessus : maquette originale du corps de la boîte représentant le port de Nantes et la place Graslin.

NANTES
Le Port

NANTES

NANTES

NANTES

NANTES

NANTES

Boîtes en métal lithographié et verni. Imprimeur Alfred Riom, Nantes, vers 1898.

De gauche à droite : Régates sur la Loire à Trentemoult ; Spahis ; Meute de chiens à la chasse ; Scène enfantine ; Cortège breton et jeu de boules ; Retour de pêcheurs bretons ; Scène bucolique ; Pêche en Bretagne ; Soldats à cheval ; Ville d'eau.

Ci-dessus : bonbonnières en métal lithographié et verni destinées aux biscuits de petites dimensions Gringalet et Dessert, 1898.

Ci-dessous : « Boîte russe ». Petite boîte en métal avec couvercle coiffant illustrée de décors d'inspiration russe, vers 1895.

Page suivante : « Boîte Empire ». Boîte à double couvercle à charnière, l'un coiffant, l'autre s'emboîtant dans le corps de la boîte. L'illustration intérieure représente l'usine LU, quai Baco, et le pont de la Rotonde sur la Loire, vers 1895.

MANUFACTURE BISCUITS LEFEVRE-UTILE
LU
BISCUITS LEFEVRE-UTILE
LES PLUS HAUTES RÉCOMPENSES
LES PLUS HAUTES RÉCOMPENSES

LU
PETIT-BEURRE
NANTES

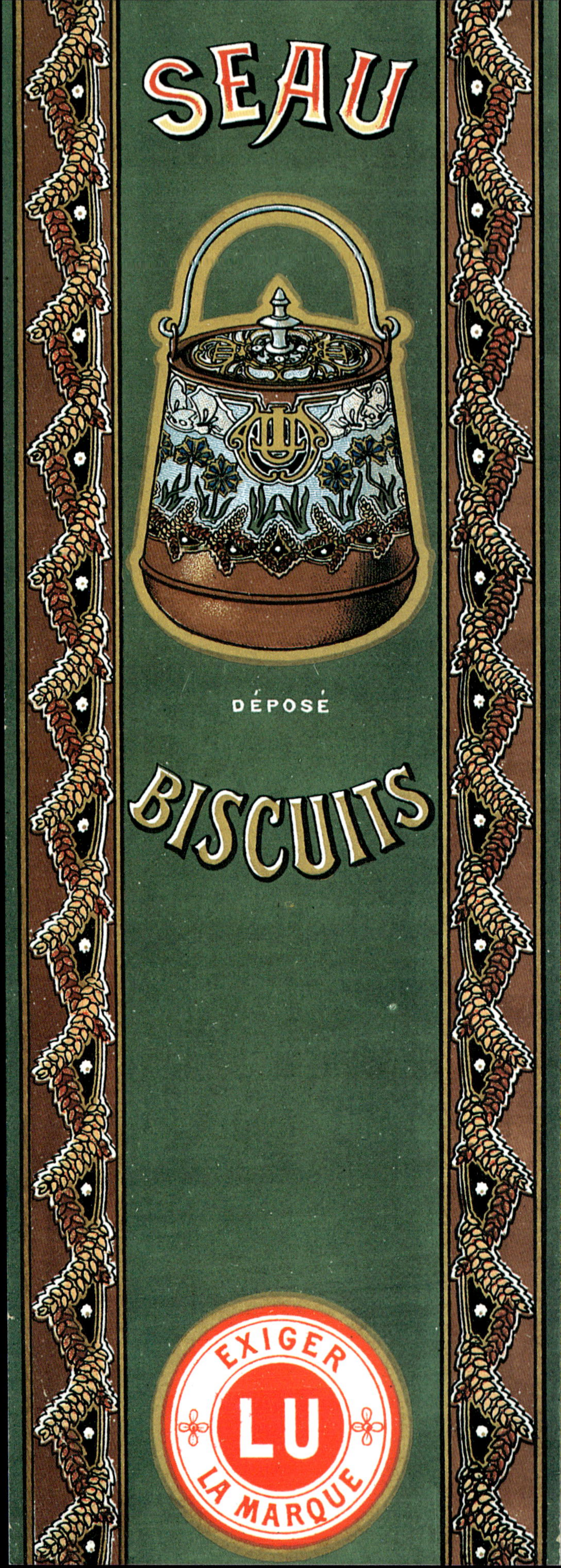
SEAU
DÉPOSÉ
BISCUITS
EXIGER
LU
LA MARQUE

Les seaux LU

Seaux à biscuits en métal lithographié, vendus vides ou garnis (les Biscuits Champagne et Boudoir y étaient rangés verticalement), et bandes de papier lithographié destinées à fermer les boîtes en carton contenant les seaux. L'illustration du premier seau (les « Bleuets », *page précédente*) est signée Simas. Imprimeur J. J. Carnaud, Nantes, 1898.

Double page suivante : panneau publicitaire en carton chromolithographié présentant la gamme des biscuits Lefèvre-Utile.

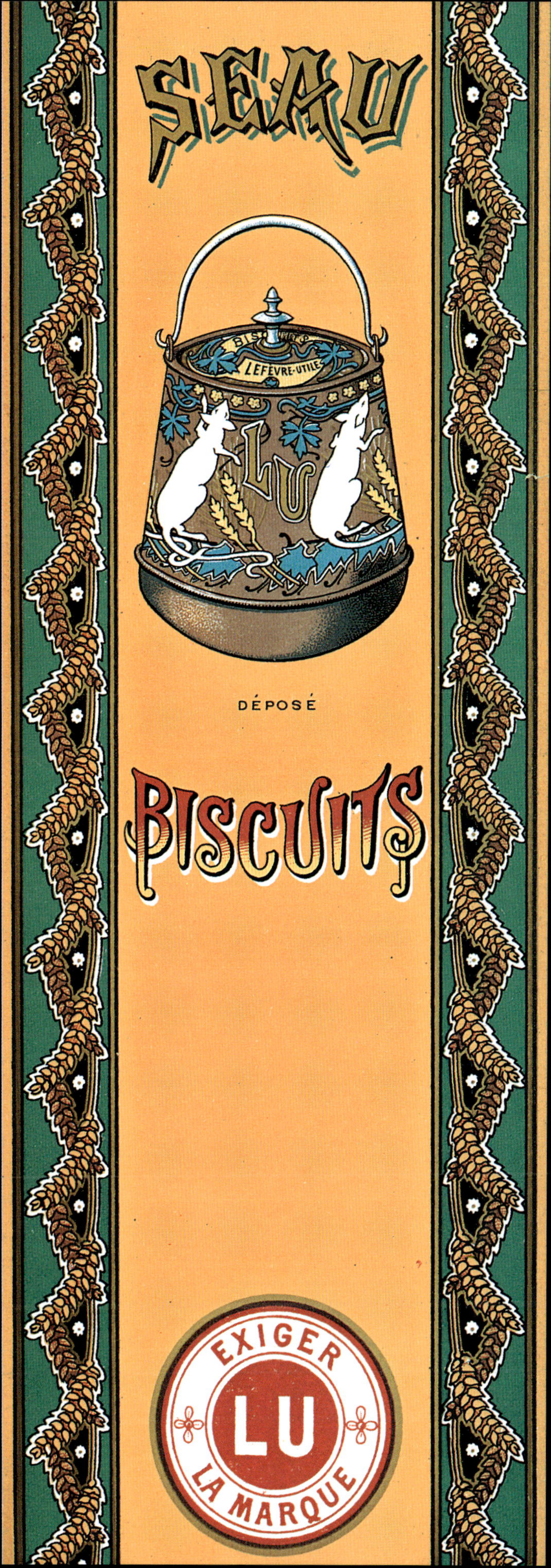

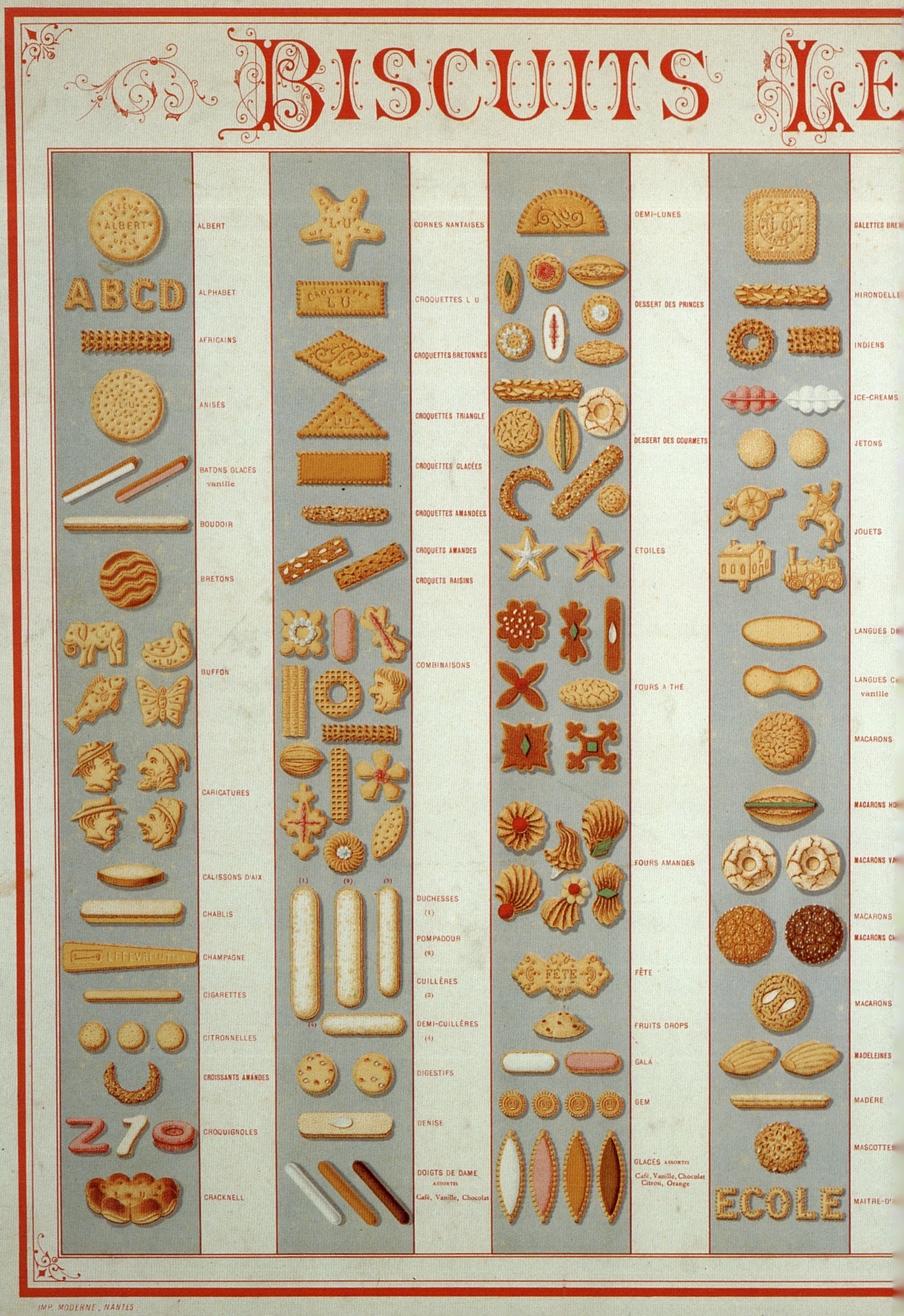
BISCUITS
ALBERT
ALPHABET
AFRICAINS
ANISÉS
BATONS GLACÉS vanille
BOUDOIR
BRETONS
BUFFON
CARICATURES
CALISSONS D'AIX
CHABLIS
CHAMPAGNE
CIGARETTES
CITRONNELLES
CROISSANTS AMANDES
CROQUIGNOLES
CRACKNELL
CORNES NANTAISES
CROQUETTES L U
CROQUETTES BRETONNES
CROQUETTES TRIANGLE
CROQUETTES GLACÉES
CROQUETTES AMANDÉES
CROQUETS AMANDES
CROQUETS RAISINS
COMBINAISONS
DUCHESSES (1)
POMPADOUR (2)
CUILLÈRES (3)
DEMI-CUILLÈRES (4)
DIGESTIFS
DENISE
DOIGTS DE DAME ASSORTIS Café, Vanille, Chocolat
DEMI-LUNES
DESSERT DES PRINCES
DESSERT DES GOURMETS
ÉTOILES
FOURS A THÉ
FOURS AMANDES
FÊTE
FRUITS DROPS
GALA
GEM
GLACÉS ASSORTIS Café, Vanille, Chocolat Citron, Orange
GALETTES
HIRONDELLE
INDIENS
ICE-CREAMS
JETONS
JOUETS
LANGUES
LANGUES vanille
MACARONS
MACARONS
MACARONS
MACARONS
MADELEINES
MADÈRE
MASCOTTES
ECOLE
IMP. MODERNE, NANTES

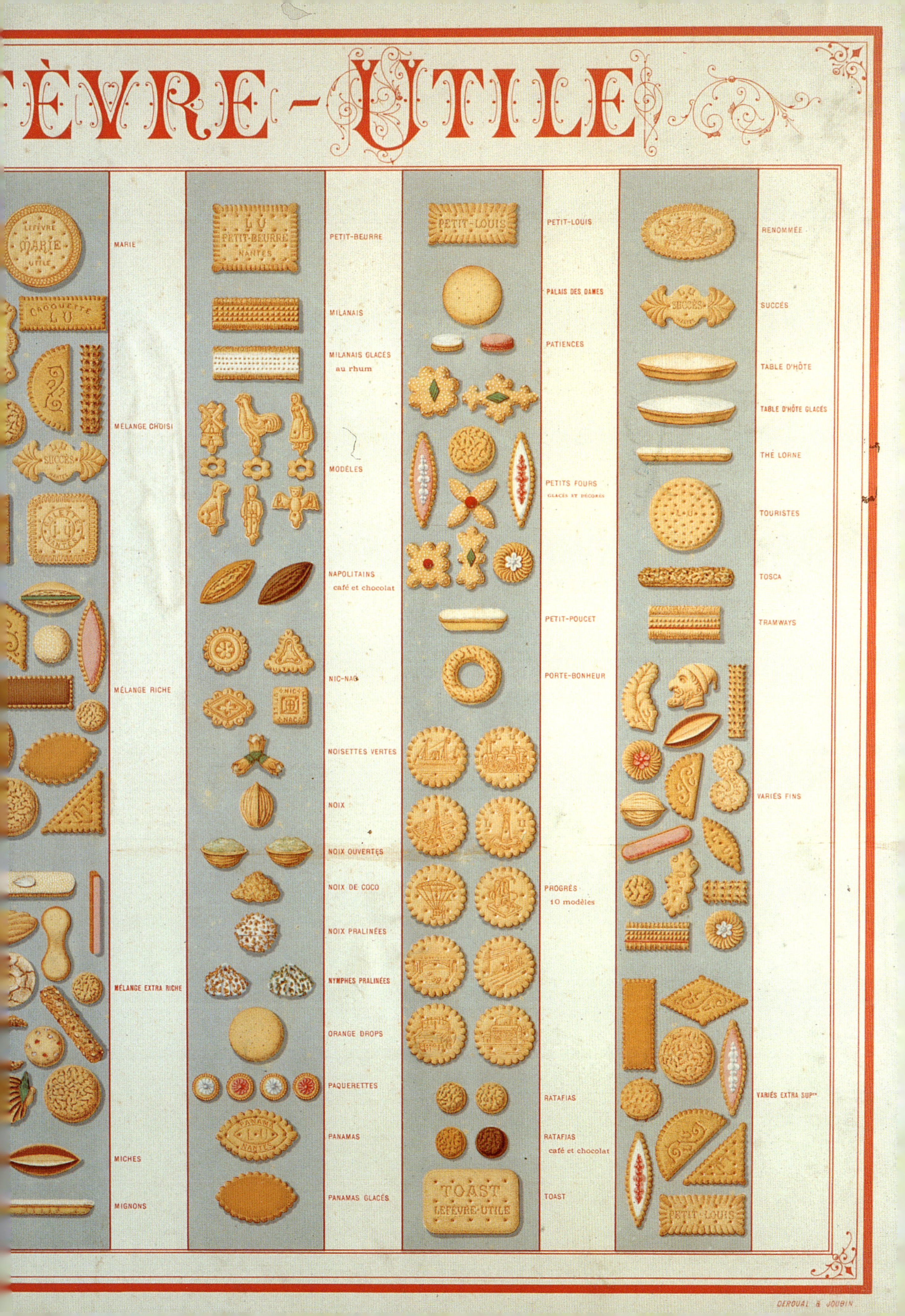
ÈVRE - UTILE
MARIE
MÉLANGE CHOISI
MÉLANGE RICHE
MÉLANGE EXTRA RICHE
MICHES
MIGNONS
PETIT-BEURRE
MILANAIS
MILANAIS GLACÉS au rhum
MODÈLES
NAPOLITAINS café et chocolat
NIC-NAC
NOISETTES VERTES
NOIX
NOIX OUVERTES
NOIX DE COCO
NOIX PRALINÉES
NYMPHES PRALINÉES
ORANGE DROPS
PAQUERETTES
PANAMAS
PANAMAS GLACÉS
PETIT-LOUIS
PALAIS DES DAMES
PATIENCES
PETITS FOURS GLACÉS ET DÉCORÉS
PETIT-POUCET
PORTE-BONHEUR
PROGRÈS 10 modèles
RATAFIAS
RATAFIAS café et chocolat
TOAST
RENOMMÉE
SUCCÈS
TABLE D'HÔTE
TABLE D'HÔTE GLACÉS
THÉ LORNE
TOURISTES
TOSCA
TRAMWAYS
VARIÉS FINS
VARIÉS EXTRA SUP^rs
DEROUAL & JOUBIN

DESSERT SUP
LEFÈVRE

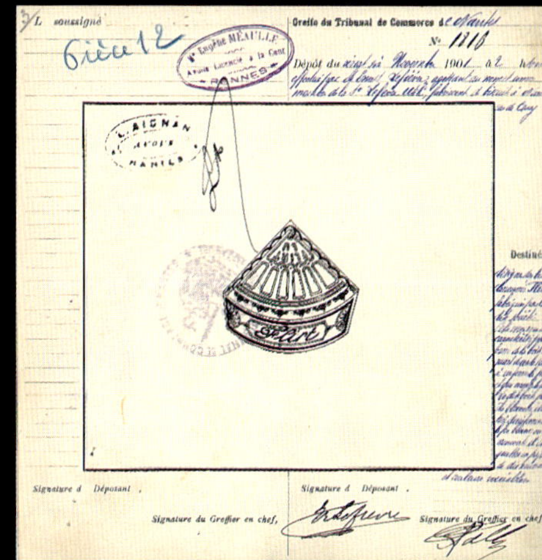

Flirt

Le dessert supérieur Flirt est une gaufrette sèche à la crème de lait incorporée à la pâte, pliée deux fois en forme d'éventail.

Ci-contre : boîte de biscuits Flirt en métal en forme de demi-lune recouverte d'un habillage en papier imprimé. Imprimerie moderne, Nantes, 1899.

Ci-dessus : brevet du paquet triangulaire, novembre 1901.

La filature Bureau, acquise par Louis Lefèvre-Utile en 1880.

Si Lefèvre-Utile est amateur d'art graphique, il est aussi passionné de photographie. Armé de son appareil, il survole Nantes en ballon et réalise de superbes clichés d'ensemble à partir desquels il entreprend les travaux d'extension de l'usine. Il équipe l'entreprise d'un service de prise de vue et de développement et instaure l'archivage systématique des transformations d'équipement ou d'architecture, et des réalisations publicitaires de la marque. La photographie permet à l'entreprise de répertorier scrupuleusement, dès 1897, les quelques milliers de pignons peints et emplacements de réclame qui vantent dans la France entière la renommée de la production.

1900/1918

La saveur des images

Ci-dessus : images chromolithographiées illustrées par Luigi Loir, série « Fêtes franco-russes », vers 1900.

Page suivante : affiche chromolithographiée pour le biscuit Neva, 174 x 118 cm, 1892.

Au fur et à mesure que l'entreprise se développe, LU élargit sa gamme de produits aux biscuits vanille, biscuits glacés, massepains, cakes et autres pâtisseries. Ils ont pour noms : Dessert des Princes, Duchesses, Palais des Dames, Pompadour, ou Africains, Indiens, Napolitains, Macarons hollandais, Madère, Milanais, Panamas glacés, ou encore Croquettes Bretonnes, Galette, Tramways... Certains peuvent se mêler sous forme d'assortiments : Mélange Choisi, Mélange Italien, Mélange Riche, Mélange des As, qui sont souvent destinés à être offerts. Les boîtes cadeaux se multiplient, sollicitées par les clients pour toute occasion de réjouissance, et divers formats sont créés, toujours surenveloppés de papier cristal semi-transparent afin de protéger les délicates impressions lithographiées.

L'actualité sous toutes ses formes est prétexte à inventions et Lefèvre-Utile salue joyeusement tel événement politique ou mondain par la création d'une nouvelle recette et d'un nouveau modèle de boîte. C'est ainsi que Neva, biscuit aux formes d'inspiration russe, est créé en l'honneur de la visite du tsar Alexandre III à Paris en 1892. En 1908, lorsque l'océanographe Jean Charcot embarque pour sa seconde expédition en Antarctique à bord du *Pourquoi-Pas ?*, la maison LU est fière de lui offrir un approvisionnement en biscuits et de créer, à cette occasion, la gaufrette Iceberg. La série de vignettes « Aviation », imprimée en hommage à la traversée de la Manche par Blériot en 1909, célèbre les pionniers de l'aviation française. Et LU saisira l'occasion, quelques années après l'inauguration, à Nantes (en 1879), de la première ligne de tramways français, d'associer ses biscuits à l'image du célèbre tramway nantais. Ainsi, la marque LU se distingue par la beauté et l'originalité de ses illustrations, mais aussi par l'inventivité des formes de ses boîtes : le panier LU-LU, la roulette de Monte-Carlo, les piles d'assiettes, les seaux à biscuits, la barque de Loire ou le tramway nantais allient le bonheur de la dégustation au plaisir de l'objet.

NÉVA
BISCUIT
RUSSE
LU
NÉVA
LU
NANTES.
LEFÈVRE-UTILE

Ci-contre et ci-dessous : deux faces de l'habillage en papier des boîtes en métal des biscuits Neva. Imprimerie moderne, Nantes, 1892.

Ci-dessus : habillage en papier imprimé en relief destiné aux boîtes de biscuits Iceberg. Illustration inspirée d'un tableau publicitaire de Luigi Loir représentant l'expédition polaire du commandant Charcot sur le *Pourquoi-Pas ?* Imprimeur Laas-Pecaud, Paris, 1903.

Ci-contre : boîte en métal hexagonale habillée du papier imprimé « Expédition polaire », 1903. L'illustration du couvercle représente une mouette. Les gaufrettes sont disposées verticalement dans le sens de la hauteur, par quarante. H. 15,2 - L. 14 - l. 8,6 cm.

Les boîtes à biscuits LU en métal lithographié

Ci-dessus : boîtes à biscuits en forme de malle. Les biscuits Boudoir et Champagne peuvent y être disposés verticalement dans des sortes de râteliers. H. 9,5 - L. 21,5 - l. 12 cm et H. 14 - L. 21 - l. 12 cm. Imprimeur J. J. Carnaud, Nantes, 1898.

Ci-contre : boîte à biscuits « Monte-Carlo » dont le couvercle est une roulette de casino, 1903. Cette miniature pouvait servir de jouet. H. 9 - D. 18 cm.

Ci-dessus : boîte à biscuits en forme de tramway, dont le toit peut être ouvert à l'aide d'une poignée. H. 19 - L. 29 - l. 11 cm. Imprimeur J. J. Carnaud, Nantes, 1898.

Double page suivante : le personnel de l'entreprise en 1900 à l'intérieur des bâtiments de l'usine, entre le quai Baco et la rue de Crucy.

Ci-dessus : étiquette hexagonale pour les dessous de boîtes Iceberg, 1903.
Page suivante : le pavillon LU à l'Exposition universelle de 1900, au bord de la Seine, à Paris.

Le 14 avril 1900, l'Exposition universelle ouvre ses portes à Paris. À cette occasion, Louis Lefèvre-Utile déclare : « Les expositions universelles, au point de vue industriel, sont un théâtre merveilleux pour les inventeurs. Toute découverte de valeur y trouve à la fois des admirateurs, des capitalistes et des acheteurs. L'Exposition universelle est-elle avantageuse aux inventeurs ? Évidemment, elle donne ipso facto à leur découverte une immense publicité. » C'est précisément à l'Exposition universelle de 1900 que la maison Lefèvre-Utile trouve sa première consécration sur le plan international en recevant l'unique Grand Prix décerné à la biscuiterie.

Le visiteur des quartiers de l'Exposition, face à la tour Eiffel, réservés aux produits de la pâtisserie et de la boulangerie venus du monde entier, est frappé par la stature et l'originalité du pavillon LU. La réalisation en a été confiée à un jeune architecte de grand talent, Auguste Bluyssen. Imaginez, au bord de l'eau, partiellement édifiée sur pilotis, une haute tour blanche qui surplombe pavillons et galeries voisines. « Cette tour, rapporte la brochure de présentation, est un phare de trente-six mètres de hauteur qui porte à son sommet une boîte de biscuits couronnée d'une lanterne à feu tournant électrique, visible le jour de tous les points du fleuve, et le soir projetant autour de l'horizon son faisceau de lumière vive. La boîte, un gros cube de plus de six mètres de côté, porte le monogramme de la maison LU et s'illumine à la nuit tombante, scintillante de mille feux. » La décoration en est confiée à Simas, célèbre faïencier de Sarreguemines, et Laurent Gsell dont les vitraux garnissent toutes les baies. Louis Lefèvre-Utile reprend l'emblème du phare sur les paquets et publicités et encourage les illustrateurs à utiliser ce signe de reconnaissance de la marque. Qui ne connaît la très belle vue des usines de Nantes, laborieuses même après la tombée du jour, et illuminées par le phare de l'Exposition universelle ? Cette astucieuse composition, exécutée par Luigi Loir, sera utilisée avec bonheur sur bon nombre de supports de réclame de l'époque.

LU
LEFEVRE-UTILE
LU
BISCUITS

La manufacture, quai Baco

Ci-dessus : les tours Lefèvre-Utile, le pont de la Rotonde et l'avenue Carnot.

Page suivante : face principale d'un habillage lithographié destiné aux grandes boîtes « tins » et reproduisant une vue aérienne des usines LU, 1909.

LEFÈVRE-UTILE
GRAND PRIX
PARIS 1900
PETIT-BEURRE
LU
MANUFACTURE BISCUITS LEFÈVRE-UTILE
MANUFACTURE
QUAI BACO
MAISON FONDÉE
EN 1846
DÉPOTS DE GROS
PARIS & BORDEAUX

Sculpture de la Renommée figurant sur la façade des tours, sur un fond de signes du zodiaque. Sculpteur François Perraud, 1909.

L'impact de cette image est si fort que Louis Lefèvre-Utile confie au même Auguste Bluyssen la construction de deux tours monumentales encadrant l'entrée principale de l'usine. À leur sommet, les tourelles de guet sont surmontées d'un phare en forme de boîte à biscuits, réplique miniature de celui de l'Exposition. Commencées en 1903, les tours LU s'achèvent en 1909 avec l'inclusion, dans les ogives, du monogramme LU en fer forgé et la mise en place des sculptures de la Renommée, avec leurs trompettes de bronze, qui se détachent sur fond de signes du zodiaque. Cet ensemble est réalisé par François Perraud, un jeune sculpteur de Nantes, élève de Levasseur. Le motif, dessiné par Eugène Quinton en 1886, est le signe distinctif de la marque LU, identifiable jusqu'au fin fond de la Cochinchine. Comme le phare, quelques années auparavant, les tours deviennent l'un des motifs de prédilection de la marque pour se faire reconnaître et elles seront imprimées sur nombre d'habillages de papier comme de métal.

Panneaux décoratifs en faïence de Sarreguemines créés par Simas pour le pavillon de l'Exposition universelle de 1900.

Les thés LU

Dans son magasin de la rue Boileau, Lefèvre-Utile commercialise les meilleurs thés de Chine et de Ceylan. Le pavillon de l'Exposition universelle de 1900 figure sur les habillages en papier lithographié verni simulant le laqué (*page suivante*).

Ci-contre et ci-dessous : boîtes de 200 g et de 250 g, 1907.

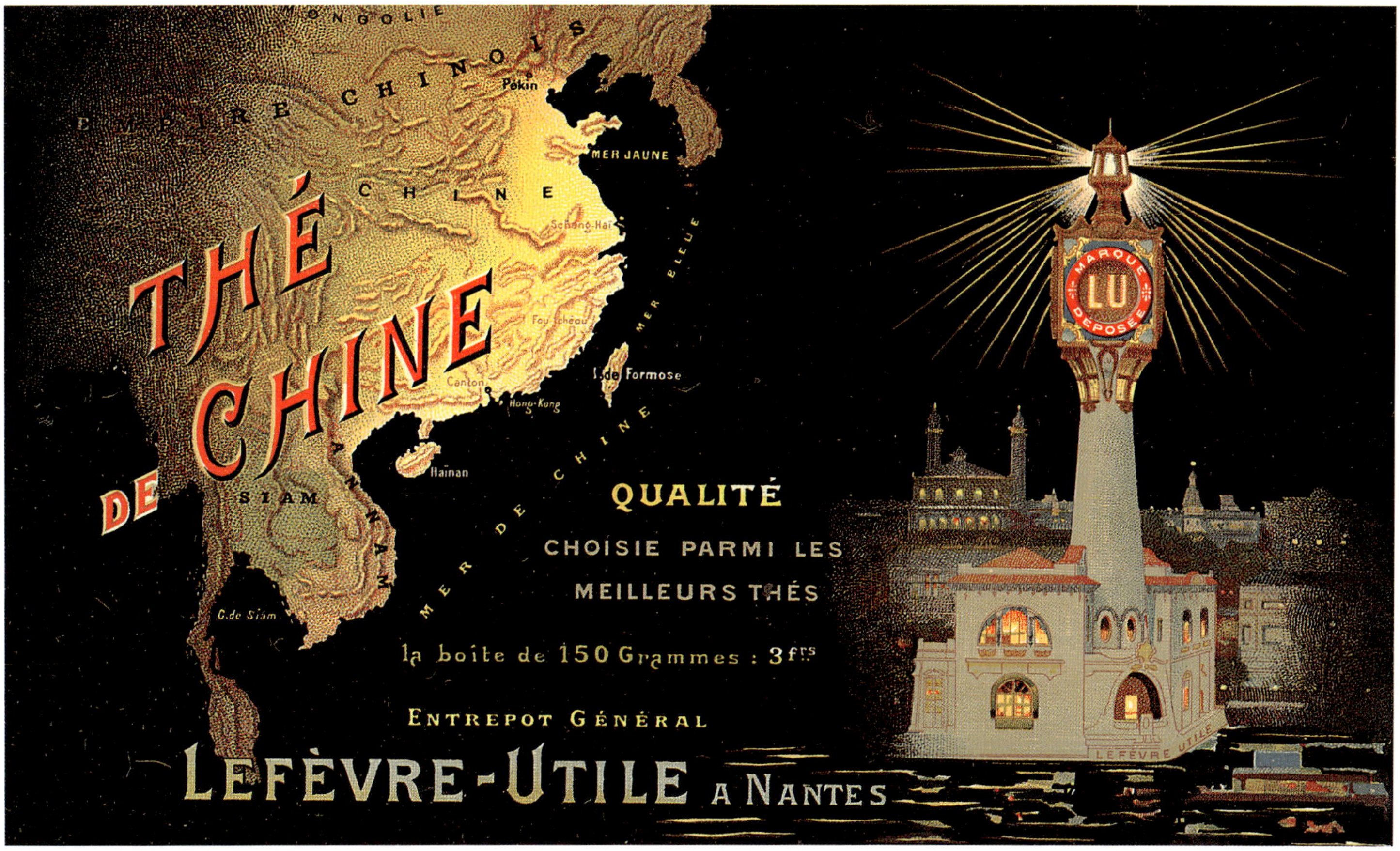
MONGOLIE
EMPIRE CHINOIS
Pékin
MER JAUNE
CHINE
Schang-Haï
Fou-Tcheou
Canton
Hong-Kong
Ile de Formose
Haïnan
SIAM
ANNAM
G. de Siam
MER DE CHINE
MER BLEUE
MARQUE LU DÉPOSÉE
THÉ DE CHINE
QUALITÉ
CHOISIE PARMI LES
MEILLEURS THÉS
la boite de 150 Grammes : 3 frs
ENTREPOT GÉNÉRAL
LEFÈVRE-UTILE A NANTES

INDE
CALCUTTA
GOLFE DE BENGALE
ILE CEYLAN
MARQUE LU DÉPOSÉE
THÉ DE CEYLAN
QUALITÉ
CHOISIE PARMI LES MEILLEURS THES
la boite de 200 Grammes : 3 francs
ENTREPÔT GÉNÉRAL
LEFÈVRE-UTILE A NANTES

Comment faire d'un emballage de biscuits un objet familier que l'on acquiert avec plaisir et que l'on conserve avec tendresse ? Voilà le pari que se fixe l'entreprise LU ; pour séduire les gourmands, Lefèvre-Utile continue de s'adjoindre les collaborateurs les plus prestigieux.

Alfons Mucha est célèbre pour son talent d'affichiste, de peintre et de décorateur. Cet artiste tchécoslovaque, né à Ivanchiste en Moravie le 24 août 1860, s'établit à Paris en 1888 après avoir suivi les cours de l'école des beaux-arts de Prague puis de Munich. Les toutes premières boîtes de biscuits qu'il dessine sont pour la marque LU. Il réalise l'affiche du Biscuit Champagne et celle de la première gaufrette LU, la Gaufrette Vanille, en 1896. Les deux réalisations sont tout à fait typiques de l'image que LU veut donner de sa production : d'une part, une illustration qui associe à la consommation du produit un climat d'élégance feutrée et de plaisir raffiné ; d'autre part, une thématique où la plénitude des formes le dispute au chatoiement de la couleur ; la femme y est ici l'allégorie d'une nature généreuse et ensoleillée vantant une consommation joyeuse et saine. Chaque nouveau modèle d'habillage illustré par Mucha remporte un succès considérable.

C'est l'époque où de grands interprètes des scènes parisiennes acceptaient avec grâce de poser pour une marque de biscuit, heureux de recevoir en remerciement les spécialités de la maison. Il en est ainsi de Sarah Bernhardt que Mucha représentera en 1904 dans son costume de scène de la Princesse lointaine d'Edmond Rostand. La grande comédienne paraphe la toile d'un slogan de son invention : « Je ne trouve rien de meilleur qu'un petit LU ; oh si ! deux petits LU. » Au seuil du XXe siècle, d'autres talentueuses dédicaces accompagnent le biscuit : celle de la comédienne Jane Hading, peinte en 1905 par Paul Chabas, un peintre nantais (1869-1937) ; celle de Jean Richepin, qui écrit au bas de son portrait : « Si j'étais roi, voici : le roi Jean Richepin/Non content d'assurer à son peuple du pain/Voudrait faire au cadran social sonner l'heure/Où tous les petits gueux auraient leurs “Petit-Beurre” » ; ou encore celle de Georges Feydeau, qui signe d'un quatrain : « Lefèvre a cela d'agréable/Qu'Utile avant d'être adopté/On ne l'a pas plutôt goûté/Qu'il est déjà indispensable ! » La mode est alors aux cartes autographes que le public collectionne avec fureur. Mon grand-père imagine, cette même année 1904, de rassembler ces illustres signatures dans un volume intitulé *Les Contemporains célèbres* (Éditions Octave Beauchamp) où l'on trouve également les signatures d'André Antoine, Jules Lemaitre, François Coppée... Le projet publicitaire de LU est d'associer de façon originale à sa réussite les talents de la scène et du monde littéraire. Affiches, collections d'images, cartes postales, boîtes décorées, objets peints, grands et petits calendriers, papiers d'emballage, publicité murale, toutes les techniques et tous les supports mis au service du rayonnement de la marque furent utilisés ou inventés pour LU. L'association des images peintes à de courts épigrammes bien troussés rencontre si bien la faveur du public que mon grand-père lui-même mirlitonne sur ses propres biscuits : « Qui me croque, craque. Qui m'a croqué, recraquera », lit-on sur un modèle de gaufrette en 1902.

Ci-contre et double page suivante : cinq des quatre-vingt-neuf cartes autographes chromolithographiées en relief, vers 1900.
Sarah Bernhardt (*ci-contre*), Georges Feydeau, François Copée, Jean Charcot et Anatole France (*double page suivante, de gauche à droite*).

Mme SARAH BERNHARDT
THEODORA
Acte IV.
CLICHÉ BRAUN CLÉMENT ET Cie
À LEFÈVRE-UTILE
Je ne trouve rien de meilleur qu'un petit LU,
...... oh si, deux petits LU.
Sarah Bernhardt
J. E. GOOSSENS. PARIS. LILLE

CHAMPIGNOL MALGRÉ LUI
2me ACTE – SCÈNE DU PORTRAIT
À LEFÈVRE-UTILE
Lefèvre a cela d'admirable
qu'Utile avant d'être adopté,
on n'en a pas plus tôt goûté
qu'il est Lefèvre Indispensable
Georges Feydeau
CLICHÉ BERT
GEORGES FEYDEAU

M. FRANÇOIS COPPÉE
DE L'ACADÉMIE
À LEFÈVRE-UTILE
Quand Bébé rit, l'heureux gamin,
C'est un Petit-Beurre à la main.
Et, si Poil de Carotte pleure,
C'est qu'il n'a pas de Petit-Beurre
François Coppée

JEAN CHARCOT
À LEFÈVRE - UTILE
Des biscuits L U?
Pour sûr qu'ils n'en
ont pas en Angleterre!
J. Charcot

ANATOLE FRANCE
NADAR Phot.
DE L'ACADÉMIE FRANÇAISE
THAÏS
À LEFÈVRE-UTILE
Vous avez donné aux
antiques présents de Cérès
une douceur inconnue
Anatole France

Alfons Mucha

Ci-contre et page suivante : habillages en papier lithographié (face principale de la boîte en fer-blanc format « tin », *ci-dessous*) pour les Gaufrettes Vanille et Pralinées. 18,3 x 18,3 cm et 23,3 x 23,3 cm. Imprimeur Robert Frères, Nantes, vers 1900.

Double page suivante, à gauche : la tête de la jeune femme est empruntée à une aquarelle d'Alfons Mucha de 1897, utilisée également pour un calendrier et une affichette Gaufrette Vanille.

Double page suivante, à droite : aquarelle originale sur papier marouflé signée Alfons Mucha, utilisée pour un calendrier des Biscuits Champagne. 37 x 56 cm. Imprimeur Champenois, Paris, 1897.

LEFÈVRE UTILE
GAUFRETTES PRALINÉES
Mucha

Biscuits Lefèvre-Utile
1897

BISCUITS CHAMPAGNE
Lefèvre-Utile
LEFÈVRE-UTILE
CHAMPAGNE
LU
BISCUITS
Mucha
F. CHAMPENOIS. PARIS.

Alfons Mucha

Habillages lithographiés des boîtes de biscuits Muscadet, Madère, Champagne (*ci-contre*), Table d'Hôte (*page suivante*) et Boudoir (*double page suivante*). Format des boîtes (*ci-dessous*) : H. 8 - L. 20,4 - l. 11,7 cm, 1901.

Biscuits
TABLE D'HÔTE
LEFÈVRE-UTILE
F. CHAMPENOIS, PARIS.
LES PLUS HAUTES RÉCOMPENSES
MÉDAILLE D'OR
NANTES 1882
MARQUE DÉPOSÉE
LEFÈVRE-UTILE
DIPLÔME D'HONNEUR
NANTES 1886

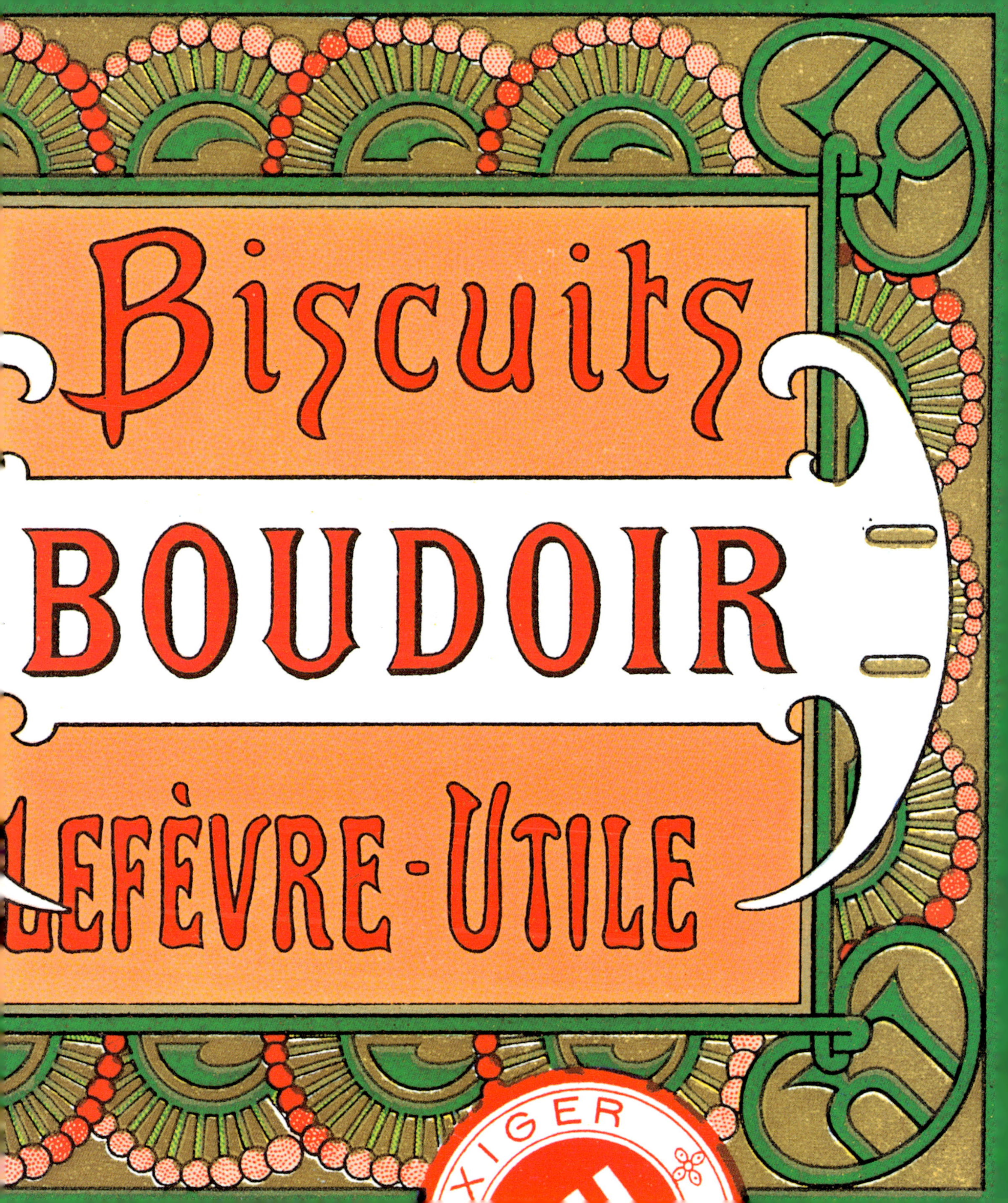
Biscuits
BOUDOIR
LEFÈVRE-UTILE

LEFÈVRE-UTILE
BISCUITS

Alfons Mucha

Page précédente : dessin original d'Alfons Mucha (*en haut*) destiné à l'habillage en papier des boîtes en métal de Mélange Italien (*en bas*). Imprimeurs Champenois, Paris, puis Robert Frères, Nantes, 1901.

Ci-dessus : seau à biscuits « Art nouveau » en fer-blanc lithographié verni, 1901. Composition d'Alfons Mucha. Diamètre de 13,5 cm en bas et 11,5 cm en haut.

Ci-contre : habillages (face principale) des boîtes de biscuits Petit-Poucet, Petit-Boudoir et Petit-Bordeaux illustrés par Alfons Mucha. Imprimeur Robert Frères, Nantes, 1898.

Élu

Ci-dessous : boîte carrée en métal des biscuits lactés Élu, 1905. Le corps de la boîte est habillé d'une étiquette en papier représentant la carte de la Bretagne en relief.

Page suivante : étiquette lithographiée en relief destinée au couvercle.

Double page suivante : panneau publicitaire représentant la carte de la Bretagne en relief, 62 x 50 cm. Imprimerie moderne, Nantes, années 1910.

Les gaufrettes, il en fit justement une affaire personnelle. La recette est anglaise et elle a du succès ; sa légèreté enchante, mais elle est de fabrication délicate. C'est en pensant à la Sugar Wafer de Huntley & Palmers que Louis Lefèvre-Utile propose à un spécialiste anglais, M. Sturges, de rejoindre l'entreprise LU pour élaborer la première gaufrette vanille française. Les gaufrettes maison se diversifient rapidement : l'Iceberg, l'Élu, l'Officiel, l'Entracte, Miarka à la cerise, existent déjà lorsque paraît l'enfant chéri de LU : la Paille d'Or, célèbre gaufrette au jus de framboise. Cette friandise, créée en 1905, est même dessinée par Louis Lefèvre-Utile qui reprend, en le stylisant, le motif d'une botte de paille. Avec ce biscuit inimitable, LU se démarque de ses concurrents : le produit, toujours copié, ne fut jamais égalé.

Les raisons du succès sont simples et tiennent avant tout au soin apporté à la fabrication et au choix scrupuleux des matières premières. Je l'ai dit, mon grand-père était d'une exigence et d'une sévérité extrêmes sur ce point. Pas d'achat dont il ne vérifiât minutieusement la qualité, pas d'étape de la fabrication sur laquelle il n'exerçât d'étroite surveillance. Je me souviens d'une livraison de farine venant de Vendée qu'il fit repartir sur-le-champ parce qu'il la jugeait non conforme à la demande. « Point de margarine, point de graisse végétale, point de colle, point de glucose, point même de parfums chimiques, vanilline ou autres. Il n'en entre pas à la manufacture de Nantes. Mais du beurre de première qualité, mais des œufs frais, mais des farines de premières marques, sans aucun

BISCUIT LACTÉ
ELU
L
U
LU
LEFÈVRE-UTILE

LU
LEFÈV
LA MA
LES SEPT
I. DE BATZ
Roscoff
I. VIERGE
Le Four
I. D'OUESSANT
I. MOLÈNE
I. DE BENIGUET
Morlaix
FINISTÈRE
BREST
Landerneau
MONTAGNE D'ARRÉE
IROISE
Cap de la Chèvre
BAIE DE DOUARNENEZ
Châteaulin
I. DE SEIN
BR
Douarnenez
QUIMPER
BAIE D'AUDIERNE
OCÉAN
Concarneau
ILES DE GLENAN
ILE DE GROIX
BELLE-ILE-EN-MER
ATLA
LU
L U
PETIT-BEURRE
NANTES
LUNIQUE
GRAND PRIX
PARIS 1900
DÉCERNÉ A LA BISCUITERIE FRANÇAISE
LU
PETIT-
LU

-UTILE
LU
I. DE JERSEY
PLATEAU DES MINQUIERS
ILES CHAUSEY
Coutances
Granville
Avranches
St LO
Vire
Mortain
Domfront
Falaise
ALENÇON
Mayenne
LAVAL
Chau Gontier
Segré
Châteaubriant
Candé
ANGERS
Ancenis
NANTES
Clisson
Cholet
Fougères
Vitré
RENNES
ILLE-ET-VILAINE
Montfort
Dinan
Guingamp
St BRIEUC
ES-DU-NORD
Loudéac
Pontivy
ETAGNE
ORBIHAN
VANNES
Redon
La Roche Bernard
LOIRE INFERIEURE
St Nazaire
le Croisic
Paimboeuf
Pornic
BAIE DE BOURGNEUF
ILE DE NOIRMOUTIER
ILE D'YEU
IQUE
EURRE
LU

mélange, aucune adultération. Comme résultat, des produits de choix parfaits de saveur », affirma-t-il pendant plus de quarante ans. L'organisation de l'entreprise et la gestion du travail sont également à l'origine de ces résultats exemplaires. Le talent de Louis Lefèvre-Utile est moins de savoir tenir un crayon, d'être entreprenant et d'avoir de bonnes idées, que d'avoir su, avant toute chose, s'entourer de remarquables collaborateurs. Chez LU, on travaille en équipe. Que l'on se souvienne de M. Druger, docteur en pharmacie et bras droit de Louis Lefèvre-Utile dans le domaine de la fabrication : on lui doit le développement du laboratoire d'analyse des matières premières et les incessantes recherches afin d'améliorer les procédés. Ernest Lefièvre, son associé, fit avec lui et leurs collaborateurs un modèle d'entreprise que l'on aimait citer en exemple. En décembre 1897, l'Union bretonne entreprend une visite dans les usines LU : « Ce qui frappe avant tout dans les ateliers que nous allons successivement traverser, c'est l'extrême propreté qui se remarque partout, c'est le choix des matières premières employées dans un esprit de dosage et d'analyse d'autant plus intéressant que la quantité mise chaque jour en action est plus considérable. [...] Parlerai-je longuement de l'installation électrique ? du téléphone qui relie l'usine aux magasins de la rue Boileau ? Il n'est pas de perfectionnement, d'amélioration de quelque nature qu'ils soient qui, aussitôt connus et appréciés, n'aient été mis en pratique aussitôt. » Louis Lefèvre-Utile et ses proches collaborateurs faisaient régner une discipline amicale et incitaient à la responsabilisation de chacun. Malgré des intérêts individuels parfois divergents, tous s'effaçaient devant l'intérêt collectif de l'entreprise.

La Petite Galette LU

Ci-dessus : le biscuit, décoré de style breton.

Page suivante : boîte de Petite Galette en métal lithographié. Chaque face reproduit un décor breton différent.

En 1913, la fabrication annuelle de biscuits dépasse les six mille tonnes, soit plus de vingt tonnes par jour. L'usine emploie environ mille deux cents personnes et occupe quarante mille mètres carrés, vingt fois la superficie de 1885. Le début du siècle marque la grande époque de l'intégration verticale. Chaque entreprise a la volonté de maîtriser tous les éléments qui entrent dans la fabrication de ses produits. Ce principe d'autonomie de la production est alors considéré comme le garant de la qualité et Louis Lefèvre-Utile travaillera toute sa vie à ce que l'entreprise se suffise à elle-même. « Alors que la biscuiterie française était absolument tributaire de l'Angleterre sur le plan de l'équipement, MM. Lefèvre-Utile ont établi, il y a quelques années, dans leur usine, un atelier de construction de machines qui suffit aujourd'hui à tous leurs besoins », commente la brochure de présentation de l'entreprise. LU possède sa propre menuiserie, sa ferblanterie, met en place une usine à gaz, acquiert une laiterie et la beurrerie de l'Hermitage, encourage même la culture des framboisiers dans la région nantaise afin d'assurer à la Paille d'Or les fruits les plus savoureux. Il n'y a pas jusqu'à la forêt que mon grand-père n'envisage de posséder pour le bois de ses caisses.

BISCUITS
À LA RENOMMÉE
MARQUE DÉPOSÉE
LEFEVRE-UTILE

LU
IMP. ROBERT FR. NANTES PARIS

BISCUITS
OFFICIEL
LEFEVRE
UTILE

Page précédente : habillage en papier destiné aux boîtes en fer-blanc des gaufrettes Officiel, vers 1903.

Ci-contre : étiquettes destinées aux cartonnages du Gâteau Breton et Nantais, 1911.
Les couleurs varient selon les formats.

Ci-contre : paquet de Collation (biscuit « breakfast ») en papier sulfurisé.

Ci-dessous : les Massepains, qui sont parmi les tout premiers produits fabriqués par Lefèvre-Utile pour le magasin, sont vendus en cartonnages en 1911.

Page suivante : la gaufre-cigarette à la vanille Entracte est conditionnée dans une boîte en métal cylindrique fermée par un couvercle coiffant assurant une bonne conservation. Les biscuits sont représentés sur l'habillage, en taille réelle, tels qu'ils sont disposés dans la boîte. Un bolduc et un cachet LU sont imprimés en trompe-l'œil sur la boîte. Imprimerie moderne, Nantes, 1898.

LU
ENTR ACT
CIGARETTE A LA VANILL
EXIGER
LU
LA MARQUE
DESSERT
A LA VANILLE

LEFÈVRE-UTILE
MIARKA
GAUFRETTES
A LA CERISE
MIARKA

Page précédente : habillage en papier lithographié destiné aux boîtes des biscuits Miarka, gaufrettes à la cerise dont le dessin évoque une flûte de Pan, 1911.

Ci-contre et ci-dessous : habillages en papier lithographié destinés aux demi-boîtes de Boudoir et de Petit-Beurre. Imprimerie moderne, Nantes, 1913.

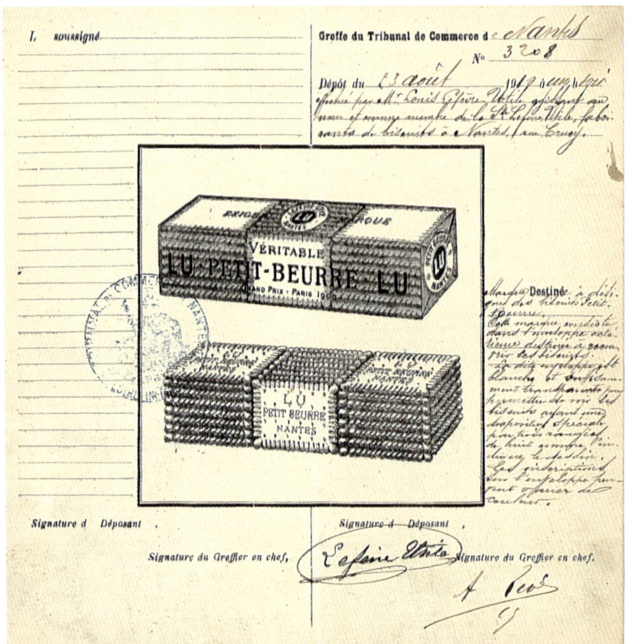

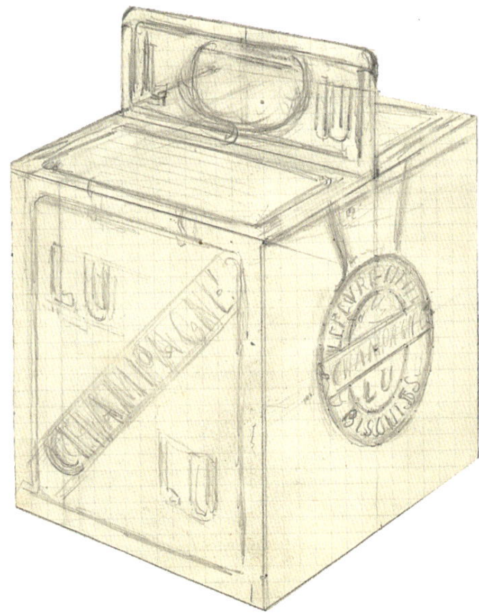

Les cartonnages modulaires

Ci-dessus : croquis original du paquet cubique dessiné par Louis Lefèvre-Utile, 1914.

Ci-contre, en haut : publicité pour les paquets et cartonnages modulaires. Les dimensions sont calculées pour permettre le meilleur remplissage possible des tins et demi-tins. Il s'agit aussi d'éviter la casse des biscuits tout en facilitant la manutention.

Ci-contre, en bas : dépôt au greffe du tribunal de commerce de Nantes, en 1911, du paquet de 24 biscuits, ainsi que de la disposition intérieure qui améliore la rigidité du paquet.

Page suivante : tableau publicitaire, 1910.

PETIT-BEURRE
LU
MARQUE
LU
PETIT-BEURRE
NANTES
DÉPOSÉE
LU
EXIGER LA MARQUE LU
DE VOTRE FOURNISSEUR HABITUEL
EN VENTE DANS TOUTES LES
BONNES MAISONS D'ALIMENTATION
SPÉCIALITÉS LU RECOMMANDÉES
EN BOITES FER-BLANC SPÉCIALES - GARANTISSANT LA MARQUE LU
LU
PETIT-BEURRE
(boîte de 500 gr. env.)
BEURRE AU SEL (Déjeuner LU)
GAUFRETTE VANILLE LU
COLLATION (Breakfast LU)
PAILLE D'OR
(à la Framboise)
PAILLE D'OR (Framboise)
CINGALAIS (à la Noix de Coco)
GRILLÉ NANTAIS (Biscotte LU)
MIARKA (Cerise)
BEURRÉS NANTAIS
(Sablé LU)
LU
GAUFRETTES VANILLE
CHAMPAGNE (Vanille)
GAUFRETTE PRALINÉE
BOUDOIR (Vanille)
HINDOU (à la Noix de Coco)
MÉLANGE
ITALIEN
MÉLANGE
ITALIEN
BOUDOIR
(à la Vanille)
CHAMPAGNE
(à la Vanille)
CHANOINESSE
GLACÉE (à l'Orange)
BEURRÉ NANTAIS (Sablé LU)
PAIMPOLAISE
(Fourrée à l'Abricot)
MÉLANGE
CHOISI LU
MIARKA
(à la Cerise)
GAUFRETTES
PRALINÉES
MÉLANGE
ITALIEN (au Maïs grillé)
LEFÈVRE-UTILE · NANTES
GRAND PRIX · PARIS 1900
GRAND PRIX · BRUXELLES 1910

La Paille d'Or

Ci-contre : petit calendrier édité l'année de la création de la Paille d'Or, en 1905, et représentant une boîte ouverte et son contenu en trompe-l'œil.

Ci-dessous : boîte de Paille d'Or en volume.

Page suivante : maquette de travail ayant appartenu à Louis Lefèvre-Utile.

LES PLUS HAUTES RECOMPENSES DÉCERNÉES AUX BISCUITS
GRAND PRIX PARIS 1900
LEFEVRE-UTILE
DIPLOME D'HON
PAILLE D'OR

BOTTE DE PAILLE D'OR
LU
GRAND PRIX

La Paille d'Or

Étui en carton, appelé « botte », apparu dans les années 1920. Il contenait deux paquets de 18 biscuits.

La Paille d'Or

Ci-dessus : croquis des camionnettes LU réalisés par Louis Lefèvre-Utile en 1905. Sur les dessins préparatoires, la galerie du véhicule représente des Paille d'Or.

Ci-contre : quai Baco, une Renault de 1906 transformée en camionnette.

Page suivante : pancarte publicitaire créée d'après une photographie du studio Armen, 1920.

Double page suivante : éventail des produits LU. Chromolithographie en couleurs sur papier, montée sur carton. Imprimerie moderne, Nantes, 1905.

PAILLE D'OR
A LA FRAMBOISE
·LU
A LA RENOMMÉE
EXIGER
LEFÈVRE-UTILE NANTES
MARQUE
LEFÈVRE-UTILE
d'après photo Armon-Nantes

BISCUITS LE
EXIGER
LU
LA MARQUE
BOUDOIR
BOCK
BRETONS
BINIOU BRETON
CARICATURES
CANDI
CHABLIS
ANIMAUX
ANISES
BATONS GLACÉS
BEURRES AU SEL
BENIT
ALBERT
ALPHABET
ABC
AFRICAINS
AIGRETTES
CHAMPAGNE
CHANOINESSES GLACÉES AU RHUM
CHOPE
CIGARETTES
CITRONNELLES
COMETES
CORINTHE
CORNES NANTAISES
CRACKNELL
CRACKNELL (PETITS)
CROQUETTES LU
CROQUETTES GLACÉES
CROQUETTES BRETONNES
CROQUETTES TRIANGLE
CROQUETTES AMANDÉES
CROQUETS AMANDES
CROQUETS RAISIN
CROISSANTS AMANDES
CROQUIGNOLES
CUILLERES
DEMI-CUILLERES
DEMI-LUNE
DEMISE
DIGESTIFS
DOIGTS de DAMES
DUCHESSE-ANNE
VANILLE
CITRON
AMANDES
DUCHESSES
ENTR'ACTE
FAVORIS
FLIRT
FOURS AMANDES
FÊTE
FRUITS DROPS
GALETTES BRETONNES
ELU
ETOILES
GALA
GAUFRETTES LU
VANILLE
GAUFRETTES PRALINÉES
LEFÈVRE UTILE
GEM
GLACÉS ASSORTIS
GRINGALETS
HIRONDELLES
ICEBERG
INDIENS
ICE CREAMS
JOUETS
JETONS
LANGUES CRÈ
LANGUES de
LU LU
MACARO
MACARO
MACARON
MACA
MÉLANGE RICHE
MÉLANGE EXTRA
MÉLANGE CHOISI
COMBINAISON
PETIT
L
EXIG
GRAND P
LEFÈVRE UTILE
GAUFRETTE VANILLE

ÈVRE-UTILE
EXIGER
LU
LA MARQUE
MACARONS VANILLE
MACARONS HOLLANDAIS
MACARONS CHOCOLAT
MADELEINES
MADÈRE
MARIE
MARGUERITES
SSEPAINS NANTAIS
ÉRINGUES PRALINÉES
MICHES
MÉLANGE ITALIEN
MUSCADET
MIGNONS
MILANAIS
MILANAIS GLACÉS AU RHUM
MOZAMBIQUE
NAPOLITAINS CHOCOLAT
NOIX de COCO
NOIX
NOIX OUVERTES
OFFICIEL
NIC-NACS
NOIX PRALINÉES
NÉVA
ORANGE DROPS
O & S
PATIENCES
PALAIS des DAMES
PAQUERETTES
PAIMPOLAISES GLACÉES AU RHUM
PETIT-BEURRE
PETIT-LOUIS
PAILLE D'OR AU JUS DE FRUIT
PETITS-FRANÇAIS
PETITES GALETTES LU
PETITS CAKES
PETIT-BORDEAUX
PETITES NONNETTES GLACÉES
PETIT-BOUDOIR
PORTE-BONHEUR
PETIT-POUCET
PETIT-MOUSSE
POMPADOUR
PROGRÈS
PETITS FOURS DÉCORÉS
SANS-PAREIL
SPIRAL
RUSSES
RENOMMÉE
RATAFIAS
RATAFIAS AU CHOCOLAT
REVENEZ-Y AU RHUM
ROCHERS
ROSES
ROSIÈRES
TOSCA
TOURNOI
SUCCÈS
TABLE D'HOTE
TABLE D'HOTE GLACÉS
TARTINES
TARTINES GLACÉES
TORSADES
THÉ LORNE
TOAST
TOURISTES
TRAMWAYS
UTILE
VENDÉENS
VENDÉENS GLACÉS
VERMICELLE
WILHELMINE
YVONNETTE
DESSERT RICHE
SSERT DES GOURMETS
VARIÉS EXTRA SUPÉRIEURS
VARIÉS FINS
URRE
U
RQUE
ARIS 1900
ELU
LU
BISCUIT ÉLU

Lorsque la guerre éclate, l'usine est presque immédiatement réquisitionnée, dès le 4 août 1914. Elle fournit l'administration militaire avec un pain de guerre composé de farine et d'eau et « cuit deux fois », comme l'était l'ancêtre du biscuit. Mais cette petite galette carrée destinée à l'alimentation des troupes ne suffit pas aux besoins des armées et LU est autorisé, quelques mois plus tard, à reprendre la fabrication de produits divers. Les journées de travail sont portées de dix heures (en temps habituel) à douze heures, et l'usine doit parfois recourir au travail de nuit pour atteindre les quotas qui lui sont imposés. Sur un personnel de plus de cinq cents hommes, trois cent cinquante ont été mobilisés ; ce sont alors les femmes qui prennent le relais dans des conditions de travail modifiées puisque l'administration militaire exige de l'usine le maximum de sa puissance de production. La signature de l'armistice ne permet pas pour autant un retour à la production normale : le manque de charbon, de gaz, la déroute des réseaux de communication, rendent les années 1918-1920 très difficiles. Les exportations en direction des départements et territoires d'outre-mer ne reprennent que dans les premiers mois de 1920 et il faut attendre que soit déclarée la libre circulation des céréales, en mai 1921, pour retrouver une pleine activité.

Lorsqu'en 1922 Pauline-Isabelle Lefèvre-Utile meurt, son fils, Louis, a soixante-quatre ans. Est-ce le décès de sa mère qui ralentit l'activité du pionnier de la biscuiterie française ? Les années vingt sont pour la maison LU celles de l'immobilisme : la politique de vente stagne, les investissements sont au point mort, l'entreprise ne se modernise pas. L'exigence de qualité de Louis Lefèvre-Utile lui fait craindre, à juste raison, une mécanisation extrême. L'homme, qui fit de la petite pâtisserie de ses parents l'une des plus belles réussites de l'industrie alimentaire française, redoute qu'un produit de qualité ne puisse se fabriquer en trop grande quantité sans se banaliser. Il faut attendre la troisième génération Lefèvre-Utile pour que l'infrastructure de l'entreprise se transforme.

1930/1950

Un nouveau départ

Le container LU

Jusqu'en 1930, les boîtes sont transportées dans des caisses en bois consignées contenant six ou douze tins. Ces caisses disposent de fermetures qui permettent de les ouvrir une fois déplombées, de les vider et de les remplir de boîtes vides afin d'assurer le retour de ces emballages.

Ci-dessus, ci-contre et double page suivante : premier container LU, breveté en 1934. Celui-ci est chargé à l'aide d'un transrouleur et transporté par grue sur une plate-forme automobile.

Dès le début des années trente, mon père, Michel, fils cadet de Louis et responsable du dépôt et des services commerciaux en région parisienne, est attentif à la concurrence. Les dernières acquisitions technologiques de l'usine datent du début du siècle, et doivent maintenant être rénovées. Il est également nécessaire d'améliorer la présentation et la protection des produits. Quelques grandes innovations vont marquer cette période : soucieux de moderniser les circuits de distribution, Michel invente un container qui assure des conditions idéales de protection et d'isothermie des produits et réduit de plus de moitié le temps de livraison.

En 1934, le conditionnement des paquets est modernisé : l'enveloppe intérieure est remplacée par une mince feuille d'aluminium contre-collée à une mousseline de papier paraffiné dont le procédé novateur est mis au point par la Société Alsacienne d'Aluminium de Sélestat. L'enveloppe extérieure est imprimée en héliogravure une couleur et Michel équipe l'usine d'un atelier d'impression sur machines Chambon. À partir de ces deux enveloppes repliées longitudinalement, le paquet est préformé à la main sur un mandrin, puis fermé par une étiquette à l'une des extrémités ; on introduit ensuite les biscuits à l'aide d'une goulotte et on referme avec un autre cachet. La rapidité de ce système d'empaquetage étonne et séduit les visiteurs étrangers. Je me souviens encore comment, petit garçon, j'étais fasciné par la dextérité étonnante des ouvrières qui, dans le temps imposé par la chaîne de travail, formaient le paquet, y glissaient (sans casse !) les vingt-quatre biscuits, puis refermaient le tout adroitement.

En outre, Michel Lefèvre-Utile veut redonner du panache à l'image de la marque. Il souhaite, comme son père l'avait fait avec brio, susciter de remarquables collaborations et associer au nom de LU les personnalités des arts et des lettres. La maison LU envoie des cadeaux, fait goûter ses produits à Edwige Feuillère, Paul Valéry ou Jean-Louis Barrault, dote Paul-Émile Victor de cargaisons de biscuits pour ses expéditions chez les Esquimaux d'Angmassalik ; des produits seront également offerts à Alain Gerbault qui, après avoir traversé l'Atlantique en solitaire, s'apprête, en 1932, à explorer les îles du Pacifique.

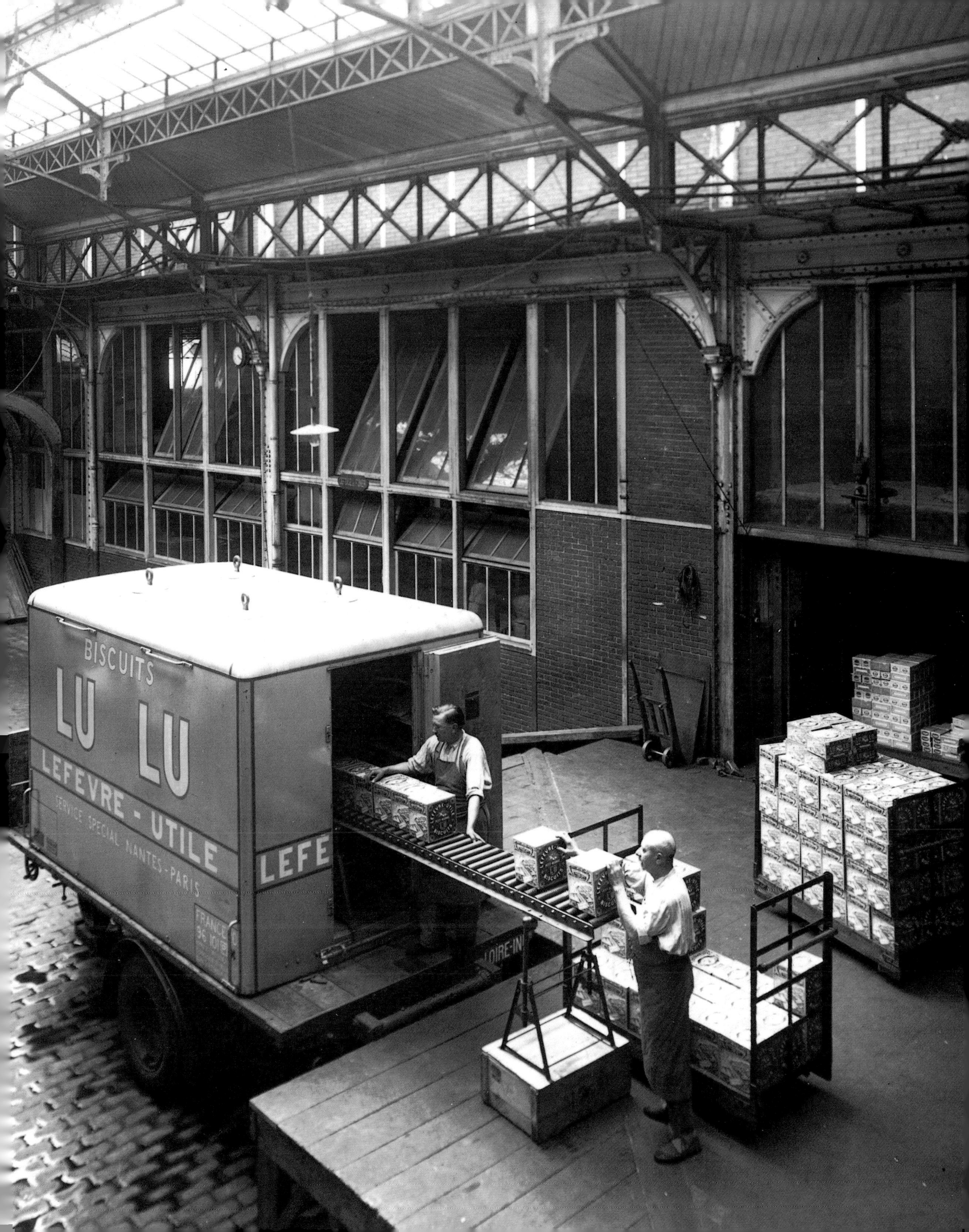
BISCUITS
LU LU
LEFEVRE - UTILE
SERVICE SPECIAL NANTES-PARIS
LEFE

LU
LEFEVRE-UTILE
61
BISCUITS
LU LU
LEFÈVRE - UTILE
SERVICE SPÉCIAL NANTES - PARIS
96 104

LU
LU
LU
LU
LU
LU
LU
LU
LU
LU
E-UTILE
★ NANTES ★
LEFÈVRE-UTILE
★ NANTES ★

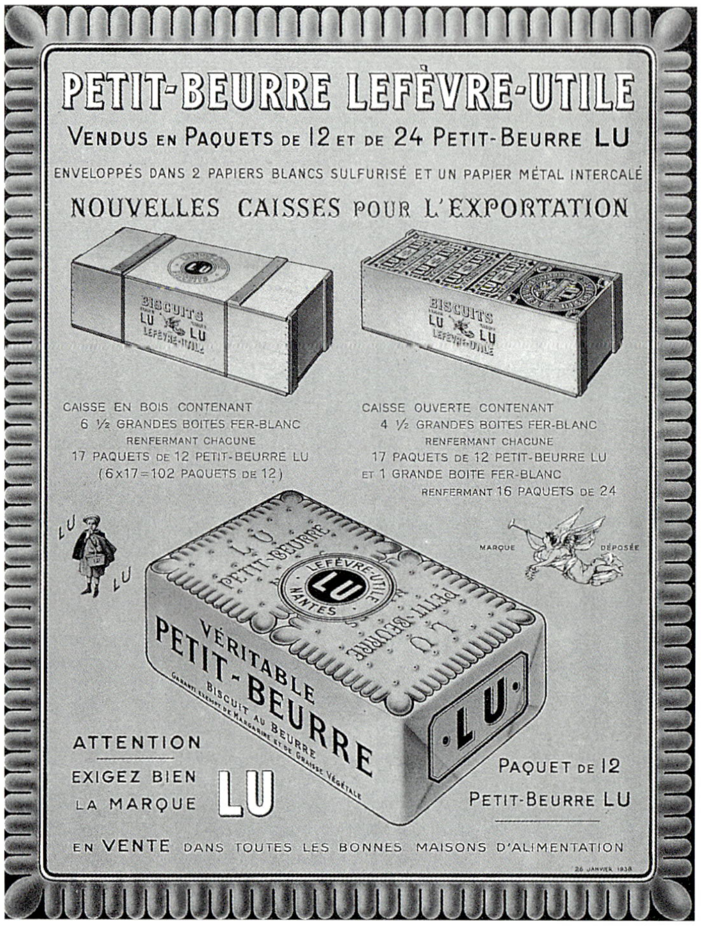

Le Petit-Beurre

Ci-dessus, à gauche et à droite : annonce publicitaire présentant les caisses en bois consignées, 1935. Celles-ci assurent une protection parfaite des produits lors des transports longs et difficiles.

Ci-contre : présentation du Petit-Beurre en cartouche.

Page suivante : mise en caisse des boîtes de biscuits.

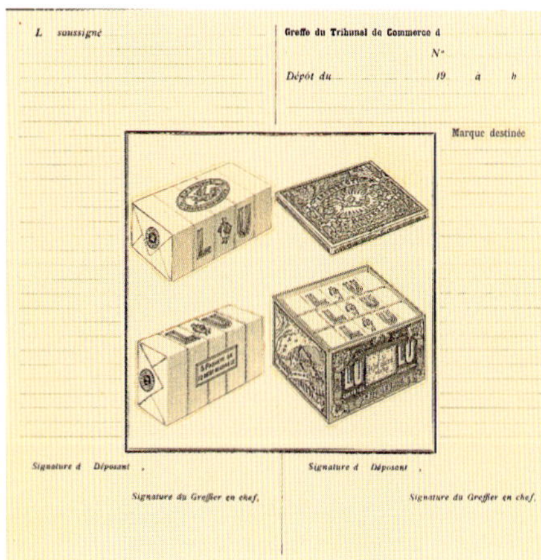

LEFEVRE-UTILE
BISCUITS
LU
PETIT-BEURRE

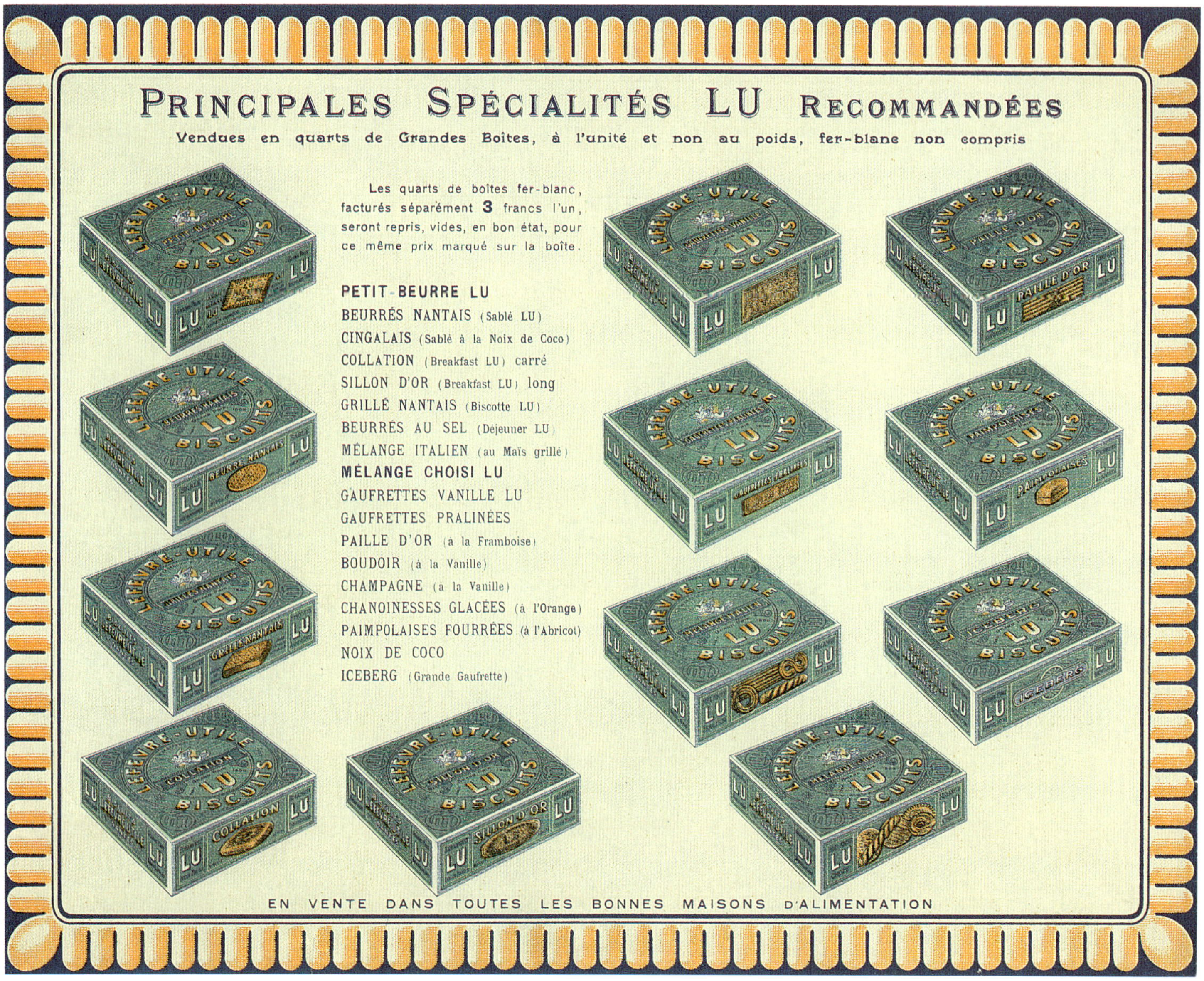

Ci-dessus : publicité présentant les « quarts de boîtes », boîtes plates en métal destinées à faciliter, de par leur taille, la présentation des spécialités, 1925. Une reproduction du produit figure sur les côtés afin d'en faciliter l'identification lorsqu'elles sont empilées.

Page suivante : pancarte publicitaire concernant les « biscuits de régime » Sillon d'Or et Collation (« breakfasts » LU créés en 1925), et le Grillé Nantais (biscotte au beurre), 1925. Ces trois spécialités sont présentées dans ces nouveaux « quarts de boîtes ».

Satisfaire à la fois
mon régime et ma gourmandise...!
LEFÈVRE-UTILE
BISCUITS
SILLON D'OR
LU
BISCUITS
LEFÈVRE-UTILE
NANTES
SILLON D'OR , COLLATION , GRILLÉ NANTAIS
BISCUITS DE RÉGIME
LEFÈVRE-UTILE

MÉLANGE CHOISI LU

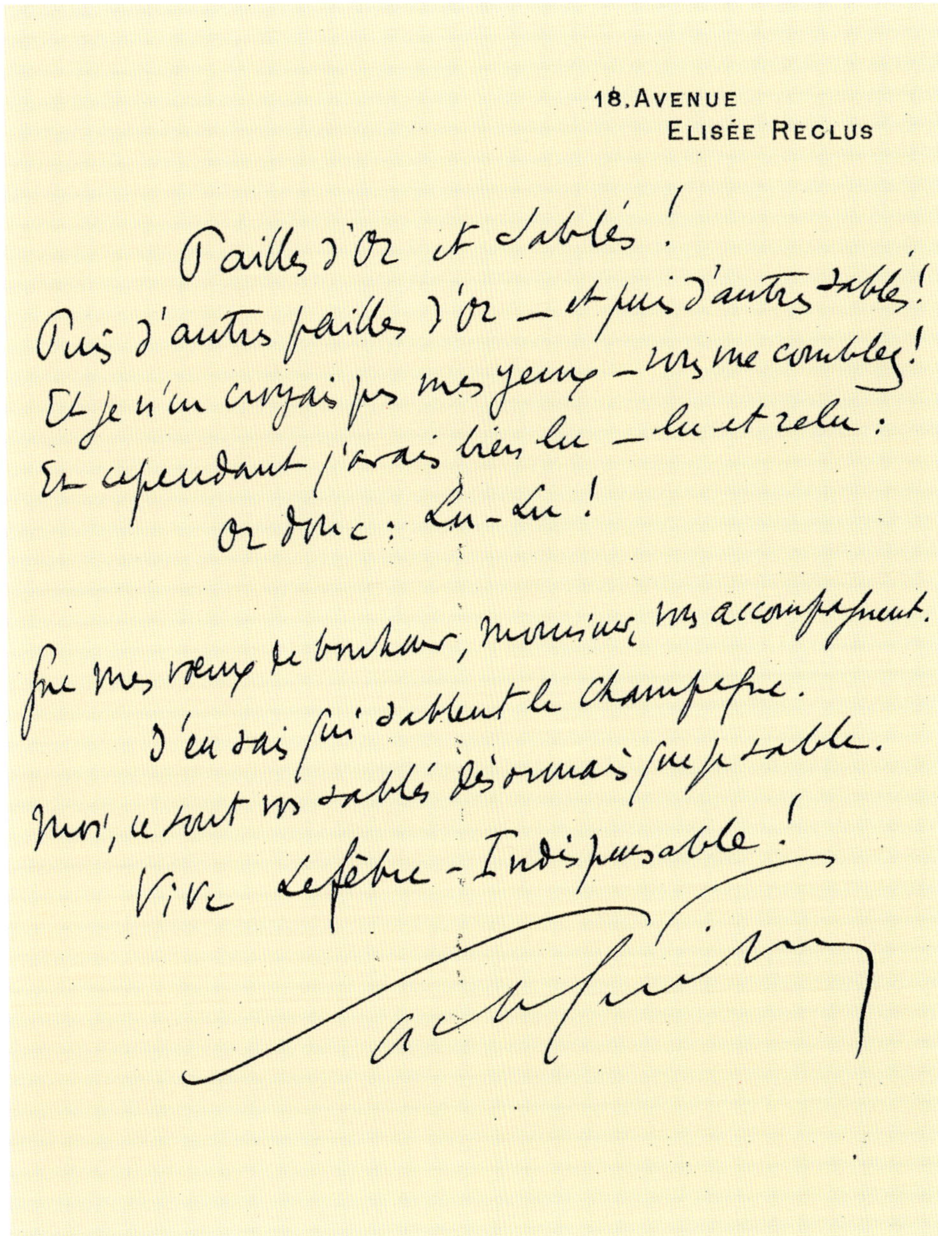

18, Avenue
Elisée Reclus

Pailles d'Or et sablés !
Puis d'autres pailles d'or — et puis d'autres sablés !
Et je n'en croyais pas mes yeux — vous me comblez !
Et cependant j'avais bien lu — lu et relu :
Or donc : Lu-Lu !

Que mes vœux de bonheur, monsieur, vous accompagnent.
J'en sais qui sablent le champagne.
Moi, ce sont vos sablés désormais que je sable.
Vive Lefèvre-Indispensable !

Sacha Guitry

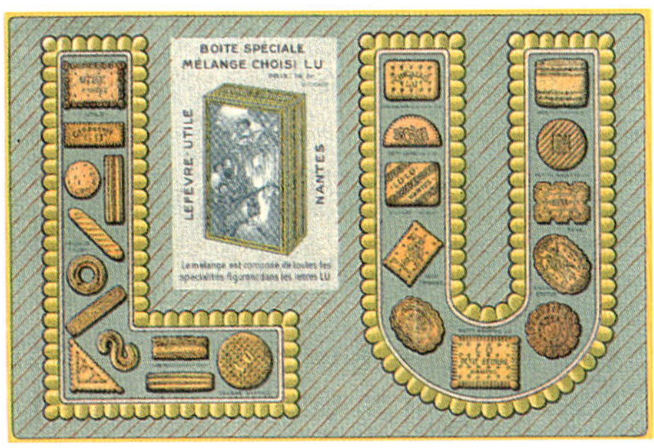

Page précédente : boîte de biscuits Mélange Choisi habillée d'une étiquette représentant un Pierrot, 1927.

Ci-dessus : étiquette figurant sous la boîte et indiquant les spécialités du Mélange Choisi.

Ci-contre : une lettre adressée à Michel Lefèvre-Utile par Sacha Guitry en 1942.

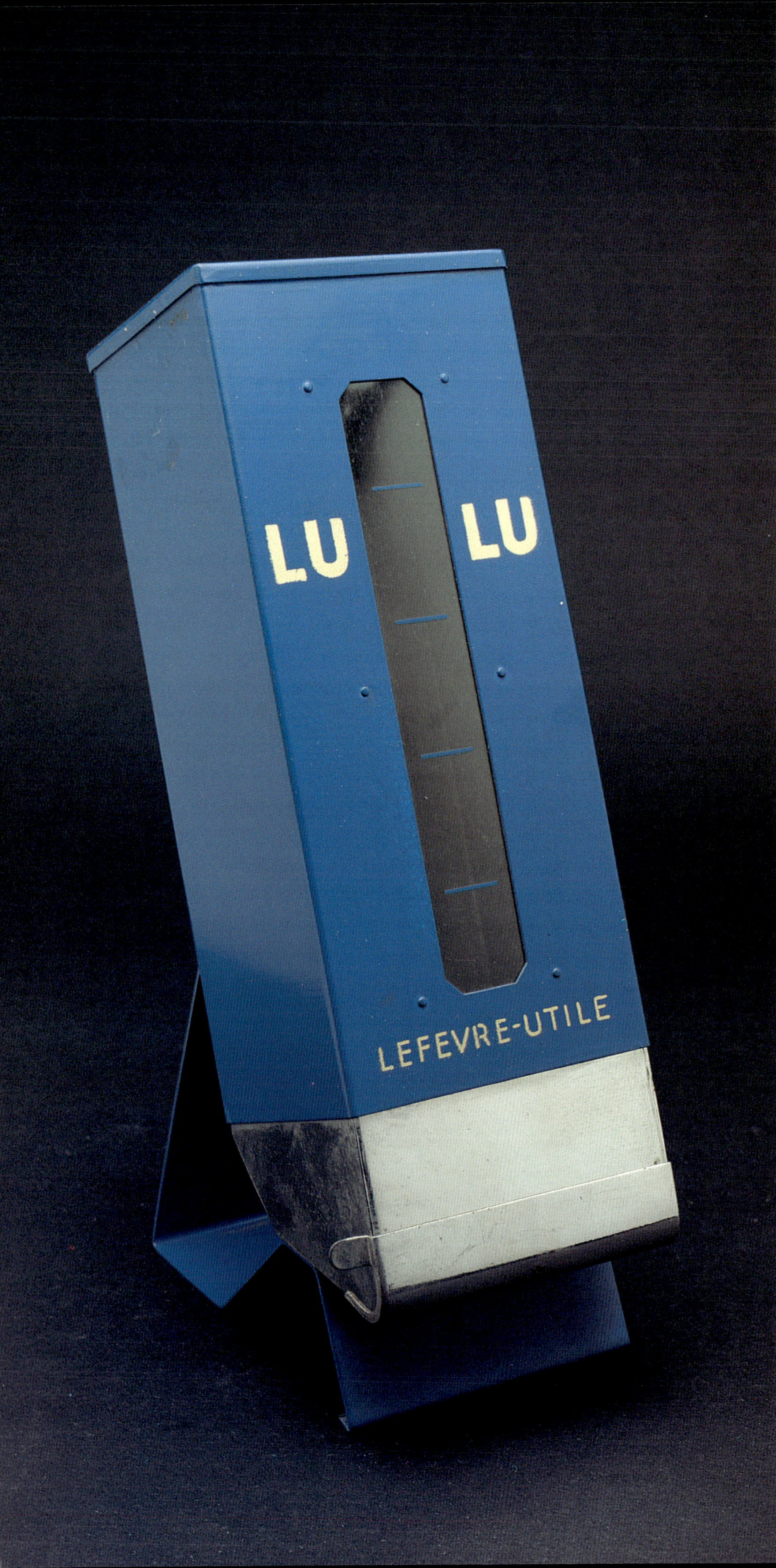

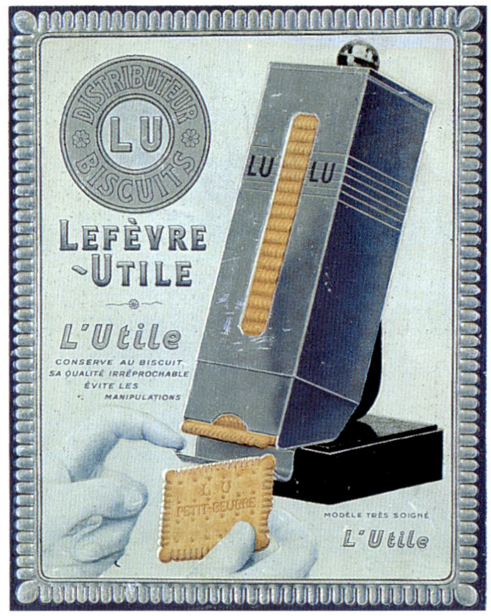

Ci-dessus : pancarte publicitaire cartonnée présentant l'Utile, un distributeur de Petit-Beurre destiné aux particuliers créé par LU en 1932. En acier inoxydable, il conserve aux biscuits leur qualité. Le niveau de remplissage est indiqué en permanence par une fenêtre transparente.

Ci-contre : projet d'un modèle en métal peint, 1932.

Page suivante : affichette publicitaire créée et imprimée par Draeger, 1938.

NE VOUS EMBARQUEZ PAS
SANS BISCUITS
LU
UNE SEULE QUALITÉ
AUCUNE
CONTREMARQUE
QUELQUES SPÉCIALITÉS "LU"
BISCUITS SECS
Petit-Beurre "LU"
Beurré Nantais
Cingalais
Mélange choisi
Gaufrette vanille "LU"
Iceberg
Paille d'Or
BISCUITS AUX ŒUFS
Boudoir
Champagne
PAIN D'ÉPICES "LU"
Paimpolaise
Ruchette
BISCUITS DE RÉGIME
Collation
Sillon d'Or
Breakfast
LEFÈVRE UTILE

Les cartonnages doublés d'aluminium

Ci-contre : affiche publicitaire annonçant un nouveau conditionnement (cartonnage doublé d'aluminium et surenveloppé d'une cellophane, format « 1/16 de boîte ») réalisé par la Société Alsacienne d'Aluminium et l'Imprimerie moderne à Nantes, 1934.

Page suivante : affiche publicitaire montée sur carton pour les biscuits Champagne, Boudoir et Mélange Choisi présentés dans les nouveaux cartonnages de format « 1/16 de boîte », 1934.

CHAMPAGNE
LU
BOUDOIR
LU
MELANGE CHOISI
LU
LEFEVRE
UTILE

L'Exposition universelle de 1937

Ci-dessus : publicité de Puybelle offrant une vue d'ensemble du pavillon, 1937.

Page suivante, à gauche : ébauche d'un motif décoratif destiné au pavillon de l'Exposition universelle de 1937.

Page suivante, à droite : l'aménagement intérieur du pavillon. Le mobilier est en laque noire avec des filets d'or. Les rideaux reprennent le motif LU imbriqué.

Double page suivante : le pavillon LU de l'Exposition universelle de 1937.

L'Exposition universelle de 1937 offre à Michel Lefèvre-Utile l'occasion de développer une nouvelle image pour la marque LU. Une fois encore, la maison fait appel aux services de l'architecte Bluyssen qui réalise sur le Cours-la-Reine, entre le pont de l'Alma et le pont Alexandre-III, un pavillon résolument moderne dont les façades sont entièrement moulées de motifs LU imbriqués. Ce nouveau monogramme est suggéré par les élèves de l'École des arts appliqués à l'industrie de Paris dont M. Frayssinet, le directeur, est un ami de mon père. Les lignes sinueuses et entrelacées qui marquaient l'influence de l'Art nouveau cher à Louis ont fait place à un lettrage rigoureux, géométrisé jusqu'à l'épure, symbole de cette esthétique du rationalisme propre au mouvement Art déco. Un Véritable Petit-Beurre LU monumental est moulé en stuc et intégré au fronton de l'élégant pavillon. La décoration intérieure reprend, sur fond de tapisserie vert amande, le motif des matières premières utilisées : épis de blé, sucre de canne, beurre, lait, vanille… Lefèvre-Utile met l'accent sur l'usine de Nantes en présentant un plan en relief des bâtiments exécuté grâce à un procédé révolutionnaire de moulage sur isorel, ainsi qu'un ensemble de photographies grand format rétroéclairées qui font sensation.

LEFEVRE-UTIL

L U
PETIT-BEURRE
NANTES
LEFÈVRE-UTILE

Paquet de Beurré Nantais reprenant le motif LU imbriqué utilisé pour la décoration du pavillon LU, 1937.

LU
BEURRÉS NANTAIS
SABLÉS. LEFÈVRE-UTILE

LU Art déco

Ci-contre : esquisses illustrant de nouvelles propositions graphiques pour la marque LU, années 1930.

Page suivante : maquette d'un couvercle de boîte en métal en relief, années 1930.

La guerre qui éclate en 1939 va retarder de dix ans la modernisation que souhaitait ardemment Michel Lefèvre-Utile. Les matières premières manquent, le personnel est dispersé, la production très ralentie. Louis, affaibli par la maladie, accueille avec émotion les membres de la famille Goossens de Lille, et les dirigeants de l'usine parisienne de Huntley & Palmers qui viennent trouver refuge auprès de LU. Mais les Allemands occupent l'usine dès juin 1940 et Louis Lefèvre-Utile meurt au mois de novembre de la même année. Comme lors du premier conflit mondial, LU tente de traverser la guerre en respectant les principes qui ont toujours fait sa force : pas de production au rabais et maintenir la qualité de la marque quelles que soient les circonstances. Dès la Libération, alors que l'entreprise se remet avec peine des pertes et des blessures qui lui furent infligées, LU est de nouveau submergé sous l'afflux des commandes.

Les pains d'épice LU

Boîte de pains d'épice au miel de sarrasin (blé noir), 1937. Fabriqué par des « pain-d'épiciers » de manière rigoureusement traditionnelle, ce produit a conduit LU à développer ses propres ruchers en Bretagne. N'oublions pas que Jean-Romain Lefèvre, fondateur de la dynastie, était pâtissier et « marchand de pains d'épice en boutique » comme en témoigne sa patente en 1847. Le magasin de la rue Boileau a toujours fabriqué et vendu des pains d'épice. Ce type de fabrication de haute qualité fit partie des différentes gammes de l'entreprise pendant de nombreuses années.

1950/1974

À L'HEURE DU DESIGN

Soixante ans auparavant, Louis Lefèvre-Utile avait fait basculer la petite entreprise familiale dans l'industrie moderne. C'est maintenant au tour de mon père, Michel Lefèvre-Utile, aidé de ses partenaires, gérants de la société, Ernest Lefièvre fils, René et Julien Binet, d'entreprendre la rénovation complète de l'entreprise. Lorsqu'en 1945 ils décident de m'y associer, je leur propose de voyager afin de découvrir de nouvelles techniques. En son temps, Louis avait été fasciné par les concurrents anglais ; quant à moi, persuadé que l'impulsion neuve nous viendrait d'Amérique, je décidai de traverser l'Atlantique.

C'est au cours de mon premier voyage aux États-Unis, en avril 1945, que l'un de mes oncles me présente à Raymond Loewy. Grand précurseur du design, ingénieur, dessinateur de mode à ses débuts, c'est lui qui allait embellir l'Amérique tout entière en déclarant : « La laideur se vend mal. » Initiateur de l'esthétique industrielle, il avait créé l'une des plus prestigieuses agences de design outre-Atlantique. Il m'accueille dans ses bureaux de Madison Avenue où il travaille entouré de ses quelque deux cents dessinateurs et techniciens. Parti pour six mois, je reste finalement un an entre les États-Unis et le Canada, et rentre en France mes valises pleines de documentations et d'idées.

Ci-dessus : cartonnages de format « 1/16 de boîte » caractérisés par la représentation photographique du produit et une nouvelle unité graphique obtenue par le bandeau central. Création d'André Maurus, de chez Goossens, Lille, 1950.

Je travaille d'abord, au sein du bureau d'études techniques de l'entreprise familiale, aux différents projets de modernisation des ateliers de fabrication. Il était essentiel de rénover chaque étape de la fabrication – et tout particulièrement les techniques de production, de conditionnement et d'emballage – tout en respectant totalement les procédés traditionnels. Plus que jamais, la fidélité de nos collaborateurs et fournisseurs est essentielle : en les associant à nos projets, nous pouvons conjuguer continuité et innovation. C'est dans cet esprit que je développe, dès 1950, avec le concours d'André Maurus de la maison Goossens, une nouvelle gamme de conditionnements plus spécialement destinés à l'exportation. Pour la première fois, chez LU, nous introduisons la photographie du produit en couleurs sur le paquetage. Quel que soit le talent de nos illustrateurs, il faut avouer que la photographie couleur a de précieuses qualités apéritives et qu'elle sait, mieux que le dessin, donner l'eau à la bouche ! Cette ligne de paquetage, réalisée avec Maurus, obtient un grand succès et notre travail est remarqué, en 1954, par le « Package designers council » de New York. Enfin, la « tin » traditionnelle disparaît au profit de matériaux protecteurs plus efficaces et plus économiques. Les papiers contre-collés aluminium, les cires thermosoudables, font leur apparition sur le marché, modifiant radicalement les conditionnements.

PAILLE
LU
D'OR
À LA FRAMBOISE
LEFEVRE
Gaufrette vanille
LU
LEFEVRE
Mélange italien
LEFEVRE
Mélange choisi
LU
LEFEVRE
petit·beurre
LEFEVRE
Boudoir
LU
LEFEVRE
UTILE
Beurré Na
LEFEVRE-UTILE
LU

Les créations d'André Maurus

Page précédente : affichette publicitaire destinée à la nouvelle gamme de présentation (boîtes en métal de format « 1/8 de boîte » et cartonnages cylindriques). Création d'André Maurus, directeur de la création chez Goossens, Lille, 1950.
Les biscuits ronds sont conditionnés dans des boîtes en carton cylindriques dites « mixtes » : feuille d'aluminium contre-collée à un carton spiralé, étiquette imprimée, fermeture métal en bout, ouverture à ficelle Zeiler et couvercle refermable.
Ci-contre : boîte cylindrique en métal imprimé destinée aux biscuits Flirt. Création d'André Maurus, imprimeur J. J. Carnaud, Nantes, 1952.

Ci-dessous : boîte de Paille d'Or en métal de format « 1/8 de boîte », habillée de papier. Création d'André Maurus, imprimeur Goossens, Lille, années 1950.

Page suivante : cartonnage destiné au Gâteau Nantais au rhum des Antilles. Celui-ci est directement enveloppé dans du papier d'aluminium. Création d'André Maurus, 1952.

LU
le gâteau nantais au rhum
LEFÈVRE · UTILE
MAU RUS

LU
Champagne
LEFÈVRE
LU
UTILE

Les créations d'André Maurus

Page précédente : boîte en fer-blanc de format « 1/8 de boîte » lithographié « Pays tropicaux ». Couvercle coiffant, clinquant aluminium serti. Boîte remplie par le fond. Création d'André Maurus, imprimeur J. J. Carnaud, Nantes, 1954.

Ci-dessous : boîte cylindrique de Picklu en métal imprimé.
Ci-contre : boîte de Picklu en carton cylindrique dite « mixte », 1950.

Ci-contre, de haut en bas : boîte de Petit-Beurre en métal illustrant les Monuments de Paris. Spécialement créée pour l'exportation, elle remporte un véritable succès en France. Boîte de Boudoir en carton, 1950. Boîte de Beurré Nantais en carton, 1952.

Page suivante : publicité de Jan Bar destinée au Boudoir, boîte en métal de format « 1/8 de boîte », habillée de papier, 1950.

LU Boudoir
LEFÈVRE LU UTILE
Boudoir LU
Boudoir
LU
LEFÈVRE - UTILE . NANTES

Ci-dessus : photographie de Fernandel dédicacée à LU, 1954.
Page suivante : annonce publicitaire initialement publiée dans le *New-Yorker* et le *Sunday New York Time*. Création de René Gruau, 1954.

Si l'emballage change, les techniques de publicité aussi. La réflexion sur l'image de la marque est progressivement confiée à des agences de publicité avec lesquelles nous collaborons étroitement. En 1954, je demande à Roger Ville de l'agence Bréval de réfléchir à un projet publicitaire destiné à mettre en valeur les produits LU sur le marché américain. Dès la présentation des maquettes, j'ai immédiatement le coup de foudre pour la proposition de René Gruau qui correspond parfaitement à notre objectif : insister sur la qualité haut de gamme et la diversité de nos produits. À travers l'élégance discrète de la jeune femme, l'intérêt de la petite fille, toutes deux partiellement cachées derrière les lettres LU, et la présentation de plusieurs paquets de biscuits offerts par des mains masculines, le but est atteint. La publicité est publiée dans les grands magazines américains accompagnée de la liste des points de vente LU. Son succès fut tel que l'entreprise décida de la diffuser en France où elle y fut très remarquée. Avec René Gruau, LU renouait avec sa grande tradition d'élégance et d'efficacité publicitaire.

Au cours de l'un de mes voyages aux U.S.A., j'étais entré en contact avec l'agence Walter Thompson à New York. C'est à l'occasion de l'un de ces déplacements que je rencontrai Fernandel qui réalisait pour *Life* un album de photo intitulé *Qu'est-ce que la France pense des États-Unis ?* Interrogé sur les femmes, la politique ou le champagne américain, l'acteur devait répondre par des expressions suggestives... Notre rencontre fut chaleureuse et, à ma demande, Fernandel accepta de participer gracieusement à une campagne LU, à condition qu'elle ne soit exploitée que sur le marché américain. Comme beaucoup d'artistes, il refusait alors toutes propositions publicitaires en France. Les liens entre industriels et artistes étaient trop souvent faussés par l'intervention des agences de publicité et l'on était loin de l'amicale collaboration entre Sarah Bernhardt ou Georges Feydeau et Louis Lefèvre-Utile...

LU
LEFEVRE LU UTILE
LEFEVRE LU UTILE
LEFEVRE LU UTILE
PAILLE LU D'OR
LEFEVRE LU UTILE
LEFÈVRE-UTILE NANTES

Qualité et renommée mondiales
LU
PETIT-BEURRE
NANTES
Exiger la marque
LU
LEFÈVRE - UTILE
NANTES
JEAN COLIN

Annonces publicitaires de magazines pour les biscuits LU (*ci-dessus, à gauche*) et le Petit-Beurre (*page précédente* : création de Jean Colin).

Ci-dessus, à droite : couverture de catalogue réalisée par Draeger, années 1950.

Il était temps de rénover l'image du célèbre Véritable Petit-Beurre LU. Lorsqu'en 1956 je propose à Raymond Loewy d'y réfléchir, il s'exclame : « Redessiner le paquet du Véritable Petit Beurre LU, c'est redessiner le drapeau français ! » L'année précédente, il avait créé à Paris la Compagnie d'esthétique industrielle Raymond Loewy, avenue d'Iéna. Son équipe, dirigée par Harold Barnett, est à pied d'œuvre et nous constituons aussitôt un groupe de travail chargé de ce projet. J'avais été frappé, lors de mon tout premier séjour aux États-Unis, par l'efficacité et l'exigence de Raymond Loewy : il se déplaçait personnellement auprès de ses clients, visitait les points de vente et les ateliers de fabrication, aimait bavarder avec les vendeurs et les ouvriers responsables de la fabrication, enfin il associait à la conception tous les corps de métiers concernés par la réalisation du produit à inventer. À Paris, je regroupe tous les partenaires autour de la table de travail : aux côtés des agences de design et de publicité, je convie mes collaborateurs, les fournisseurs, les vendeurs et même un représentant des consommateurs. Chacun est impliqué dans le processus de création du nouveau paquet. Quelques mois plus tard, au printemps 1957, le Véritable Petit-Beurre LU est « habillé de neuf » : changement de matériau, de design, de couleur. Le paquet retrouve un éclat et une nouvelle jeunesse grâce à son fond blanc, son bandeau rouge à droite portant le monogramme LU en blanc, et la photographie couleur du biscuit en perspective. Fil conducteur qui traverse les métamorphoses de l'emballage LU depuis les premières productions, le principe du bandeau est repris et affirmé. André Maurus avait retravaillé le monogramme LU en accentuant à l'extrême la verticalité de la lettre bâton. Ce que le sigle gagnait en élégance, il le perdait en lisibilité. Avec la multiplicité des marchés, la notion d'impact et d'identification est primordiale : Raymond Loewy préconise donc un renforcement du lettrage bâton en même temps que l'adjonction, en italique légère, de l'article défini « le » devant Véritable Petit-Beurre LU. Ce simple ajout a pour effet immédiat de rendre le biscuit à la fois plus singulier et plus familier.

Raymond Loewy en 1956

L'Eurostar for packaging (*page suivante, en haut*) fut décerné en 1956 au nouveau paquet de Petit-Beurre LU redessiné par Raymond Loewy.

L'agence Walter Thompson-Paris est chargée du lancement. Elle organise une première campagne de sensibilisation au biscuit. Il faut d'abord travailler sur l'image du Petit-Beurre avant de songer à promouvoir sa nouvelle présentation : en quelque sorte, rendre ce biscuit au goût du jour en modifiant la façon dont il est perçu et sans rien changer de sa recette et de son procédé de fabrication, inchangés depuis sa création en 1886. C'est la proposition de Tomi Ungerer qui est retenue pour cette première campagne. Ce projet frappe par sa gaieté et sa simplicité : il évoque le Petit-Beurre avec

Ci-dessous : le paquet de 24 Véritable Petit-Beurre redessiné par Raymond Loewy, 1956.

Ci-contre : une caisse en carton transformable en présentoir, 1957.

un humour inhabituel et une légèreté de trait remarquable. Avouons que cette annonce, créée en 1956, pourrait aujourd'hui encore toucher le public tant elle est fraîche et ludique. Puis vient la deuxième campagne, intitulée « Habillé de neuf », et qui vise à familiariser le public à la nouvelle présentation : le Véritable Petit-Beurre LU habillé de neuf est définitivement lancé. Sa nouvelle présentation s'avère parfaitement adaptée au système de vente en libre-service qui règle de plus en plus le marché. La collaboration de LU avec Raymond Loewy est une réussite : les qualités de cette réalisation nous valent de recevoir en 1956 l'Eurostar for packaging, la première haute distinction européenne décernée au meilleur design d'emballage de l'année. Pendant douze ans, la nouvelle image du Véritable Petit-Beurre LU ne subira que de minimes changements.

Les gammes des biscuits évoluent également et s'adaptent peu à peu aux nouvelles exigences du marché : aux côtés des grands classiques – Boudoir, Champagne, Paille d'Or –, la marque innove avec les Picklu, Sticklu, Cracklu, spécialités que la vogue anglo-saxonne des snacks salés a lancé sur les marchés européens. Puis, Figolu est introduit sur le marché en 1961. Initialement destiné aux enfants, le premier conditionnement retenu est semblable à celui du Choco B.N. de l'époque : c'est un procédé « en chapelet » qui assemble une série de petits paquets unitaires et présente de remarquables qualités d'hygiène et de commodité.

Campagne de publicité réalisée par Tomi Ungerer, 1956.

PETIT-BEURRE

Campagne de publicité « Habillé de neuf » destinée au paquet de Petit-Beurre redessiné par Raymond Loewy. Conception agence J. Walter Thompson, Paris, 1957-1958.

habillé de neuf...

AUSSI CROUSTILLANT QU'A LA SORTIE DU FOUR

POUR SON GOUTER, *donnez-lui quelques-uns de ces petit-beurre LU que vous trouvez maintenant, tout croustillants, dans cet emballage neuf, jeune et net *. Goûtez vous aussi leur saveur fine et moelleuse, appréciez leur feuilleté délicat : ce sont toujours les véritables petit-beurre,* uniquement au beurre. *Ils sont préparés à Nantes par Lefèvre-Utile, suivant la recette d'autrefois, avec le lait et le beurre de ses laiteries-modèles, avec de la farine de froment et du sucre de canne. Regardez chez votre fournisseur habituel, et vous reconnaîtrez tout de suite ce paquet blanc et rouge : c'est celui que vous cherchez, c'est celui du* véritable petit-beurre LU.

** Le véritable petit-beurre LU est protégé par une double enveloppe (un sulfurisé véritable et un combiné cellophane-aluminium) qui réalise une étanchéité totale et vous apporte, absolument intactes, toutes les qualités du biscuit sortant du four.*

LU

LEFÈVRE-UTILE · NANTES

LU
LEFÈVRE-UTILE
véritable petit-beurre

LU
le boudoir
Le Champagne

LU
GALETTE

LU
Mélange Choisi

LU
figolu

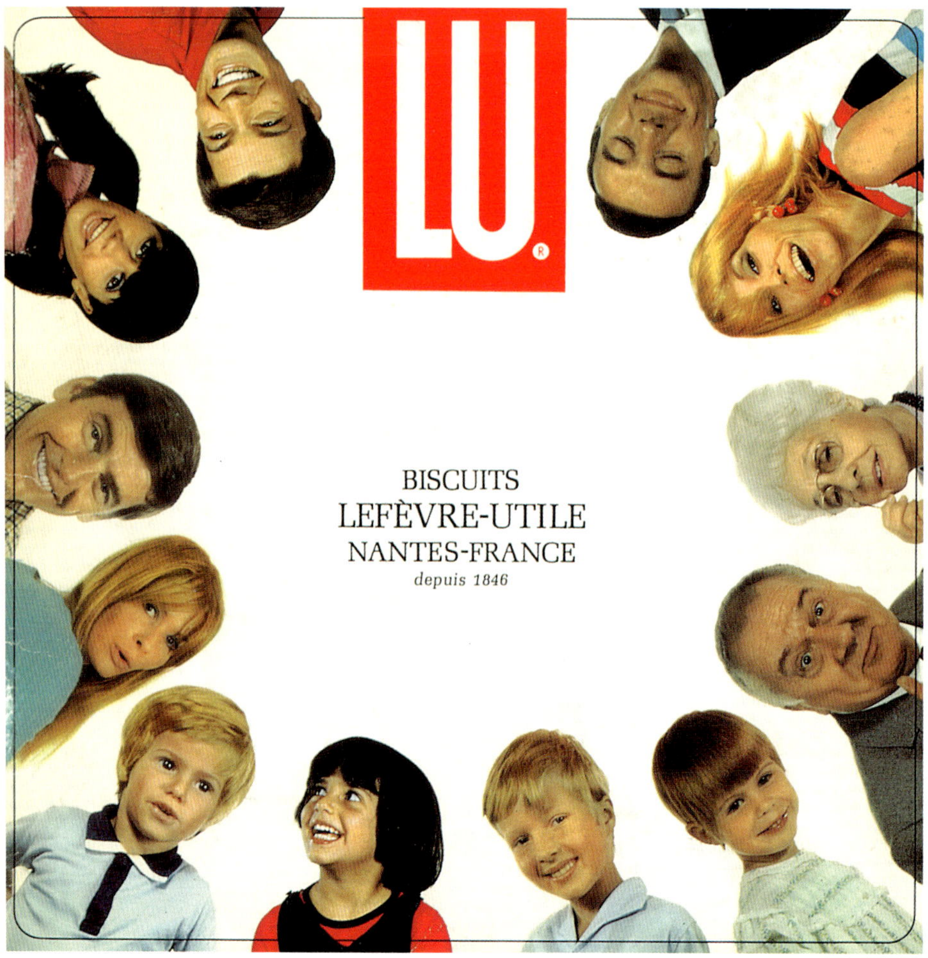
LU
BISCUITS
LEFÈVRE-UTILE
NANTES-FRANCE
depuis 1846

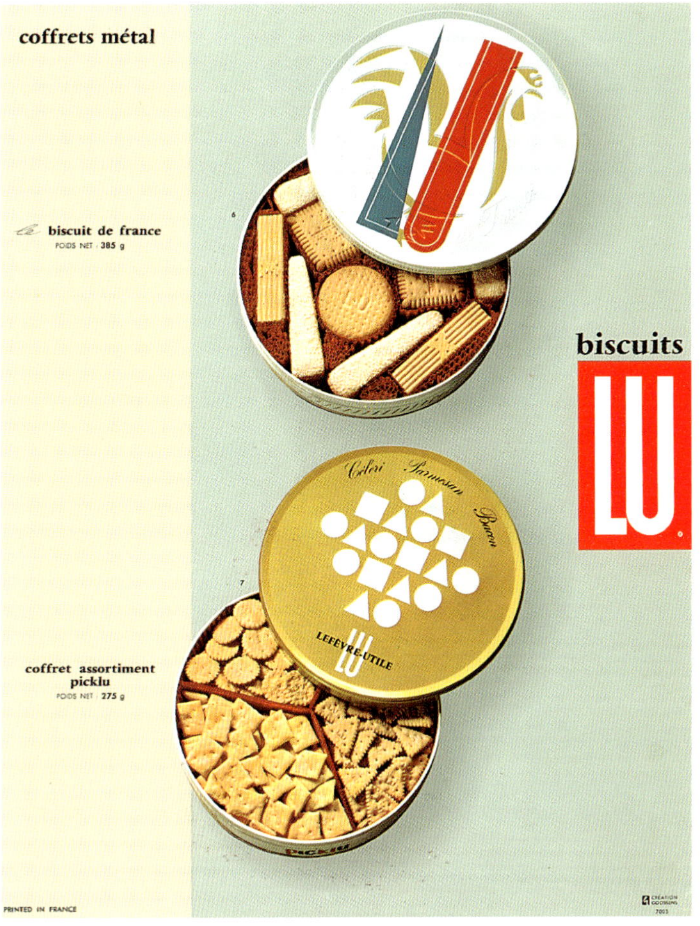

Page précédente : catalogue de présentation des produits LU, agence Lonsdale, fin des années 1960.

Ci-dessus, à gauche : boîtes rondes en métal (le Biscuit de France et Picklu) créées par Raymond Loewy dans les années 1960.

À droite, de haut en bas : boîtes en métal : le Véritable Petit-Beurre, Mélange Choisi, Champagne, Paille d'Or et Boudoir, créées par André Maurus.

S'il est important de souligner l'identité de chaque spécialité, il est nécessaire de préserver une homogénéité entre les produits de la marque. À partir de 1965, tandis que je travaille à normaliser les dimensions des paquets, je demande à Raymond Loewy d'établir une harmonie de présentation : les couleurs des bandeaux varient selon les biscuits, mais on retrouve en bout de paquet un logo LU en lettres blanches sur fond rouge.

Les premières apparitions de nos produits aux U.S.A., en Belgique et en Allemagne marquent les prémices de la présence de LU sur le marché international. L'exportation est alors pour moi le fer de lance de la marque et le meilleur test pour l'adaptation des produits aux différents marchés. En France, j'associe les grands distributeurs à ma réflexion sur la forme et le design du packaging. Ce sont eux qui créent le lien avec le consommateur et il me semble essentiel de prendre en compte leurs suggestions, de leur soumettre certains de nos projets et d'entretenir un climat d'amicale concertation. Cependant, l'anarchie du marché français dans le domaine de la biscuiterie entraîne, entre concurrents, une lutte stérile qui entrave le développement. Aussi ai-je proposé, dès 1967, une politique d'alliances sur le plan national, un partenariat qui nous rendrait plus efficaces et plus forts. Il fallait nous associer afin de réduire les gammes respectives de chacun de façon à les rendre complémentaires et non plus concurrentes ; il fallait fusionner nos réseaux de vente pour couvrir efficacement l'ensemble du territoire ; il nous fallait collaborer et non plus rivaliser.

Ci-dessous : paquet de Figolu créé par la C.E.I. Raymond Loewy, Paris.
Page suivante : annonce publicitaire (également exploitée en affiche et affichette) créée par l'agence J. Walter Thompson, Paris, années 1960.

PETIT-BEURRE
LU
NANTES
un petit coin
de bonheur,
un bon petit goût
de beurre
LU

La fusion LU-Brun et Associés est signée en 1969. Outre les entreprises LU et Brun, elle comprend les marques Trois-Chatons, Saint-Sauveur, Rem et le biscottier Magdeleine. Ce choix se fonde sur nos complémentarités de production et d'implantation sur le territoire national. Cette fusion, souhaitée par tous, est cependant délicate à effectuer : elle marque ainsi la fin de l'unité de vue avec Raymond Loewy qui souhaite poursuivre sa collaboration avec LU mais refuse de travailler pour les autres marques associées, jugeant l'ensemble trop éclectique. Il est vrai qu'après avoir travaillé à la redéfinition de l'image LU et à l'harmonisation de nos présentations, les modifications de conditionnement, inhérentes à la politique des transferts de marque, sont complexes et même pénibles à envisager. Pour que le consommateur puisse continuer d'identifier aisément les produits auxquels il est attaché, il est nécessaire de préserver les signes distinctifs de l'ancienne marque tout en y adjoignant les particularités de la nouvelle. Cette transition doit se faire en douceur pour que l'acheteur ne soit pas désorienté et il faut compter une période de dix mois à deux ans pour réaliser un transfert d'image de marque. Ainsi, le cracker salé Tuc est en fait un biscuit créé par la marque Parein en Belgique, reconnaissable à ses couleurs jaune et rouge. Il nous fallait donc préserver le fond jaune et rouge (alors que la ligne LU est sur fond blanc) et y appliquer, sur la droite du paquet, le bandeau portant le monogramme LU en lettres blanches sur fond rouge. Il en va de même pour le biscuit Thé Brun, reconnaissable à son fond orange.

Bien sûr, nous continuons de collaborer avec la Compagnie d'esthétique industrielle Raymond Loewy pour les spécialités LU et particulièrement le Véritable Petit-Beurre LU. Une nouvelle proposition est d'ailleurs réalisée en 1970. Avec le développement extrêmement rapide des hypermarchés, l'impact des produits se disqualifie rapidement et il faut suivre avec attention la « cote » des images dans le goût du public. Loewy améliore l'impact visuel du paquet en agrandissant la photo du Petit-Beurre et en la faisant « dépasser » sur les côtés de telle sorte que l'on puisse réaliser un « mur de Petit-Beurre » en alternant la disposition frontale et latérale des paquets. L'effet est incontestable, et le succès de la nouvelle présentation confirmée.

Raymond Loewy

Construction du mur du Véritable Petit-Beurre conçu par Raymond Loewy en 1970.

Depuis 1974

Les raisons du succès

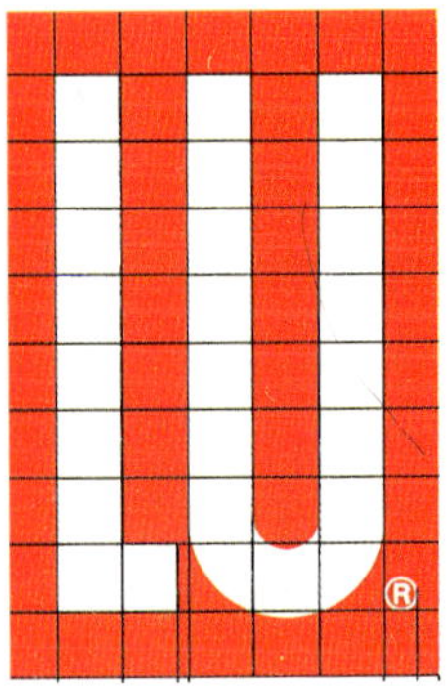

Les normes graphiques

Le rectangle du graphisme de la marque LU se divise en 7 unités de large et 10 unités de haut. Une marge de 1/6 d'unité sépare la lettre « L » de la lettre « U », 1970.

Ci-contre: le nouveau logo, avec filet or, proposé par Raymond Loewy International Londres, adopté et appliqué depuis 1985.
Ci-dessous: l'ancien logo.

Page suivante : annonce publicitaire présentant les biscuits Granola pour lesquels Raymond Loewy a créé plusieurs conditionnements successifs, à partir de 1974.

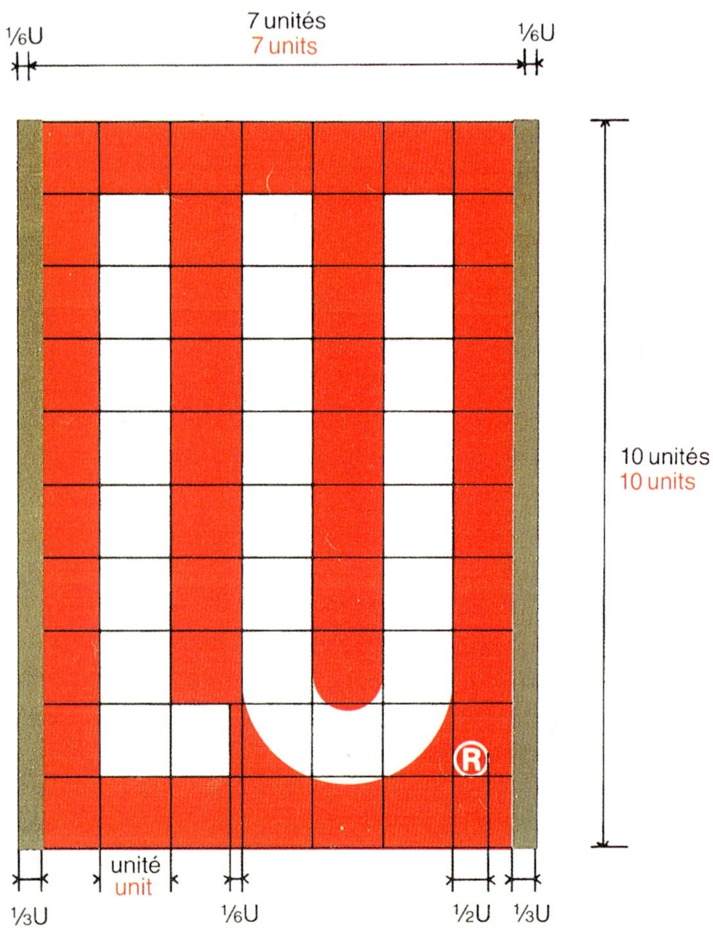

Les techniques de regroupement des entreprises et des gammes, à l'échelle internationale, rendent plus complexe encore notre réflexion sur l'image de la marque. En 1974, notre groupe devient Céraliment LU-Brun, numéro un du marché français de la biscuiterie qui regroupe dix-huit entreprises. En 1978, Céraliment devient Générale Biscuit et regroupe trente-deux entreprises familiales de biscuits et de panification industrielle à travers l'Europe. On imagine combien cette croissance, menée tambour battant par Claude-Noël Martin, Jean et Michel Thèves, rend difficile l'harmonie et la préservation d'une image. La nécessité de définir un cadre normatif pour LU s'impose et je confie ce projet à M. François Du Villard de l'agence Lonsdale qui a la sagesse de fixer avec rigueur l'application des règles précédemment établies par la Compagnie d'esthétique industrielle Raymond Loewy : le premier « Livre de normes graphiques » est créé en 1980. Il était essentiel de se préserver de l'attrait du changement et d'élaborer un ensemble de règles graphiques afin d'assurer, dans ce climat de profonds bouleversements, une permanence, une continuité de l'image LU.

En 1985, un deuxième « Livre de normes graphiques » s'avère nécessaire car il nous semble indispensable de parfaire l'image de la marque tout en ravivant légèrement la présentation empreinte d'une certaine froideur. Pour ce faire, M. Thomas Riedel, de Raymond Loewy International-Londres, suggère que deux filets or viennent souligner avec élégance et discrétion le bord du logo et du bandeau. Aucune autre modification n'est faite concernant les principes de construction. Un guide couleur est établi pour la définition du rouge LU, tant en hélio qu'en offset. Des

Granola
Biscuits sablés, nappés de chocolat fin
Tarwebiscuits met chocolade extra
Wheat Biscuits, topped with plain chocolate
LU
Granola
Biscuits sablés, nappés de chocolat au lait fin
Tarwebiscuits met melkchocolade
Wheat Biscuits, topped with milk chocolate
LU

modèles sont établis pour l'application des normes aux différents volumes. Celles-ci sont modifiées pour la hauteur des lettres LU et leur implantation sur le bandeau des faces latérales, assurant ainsi leur bonne visibilité. Un sceau de garantie rappelant la date de fondation (1846) et précisant la signification des initiales du patronyme doit désormais figurer sur l'une des faces du paquet, dans un bandeau. Les caractéristiques de ce sceau de garantie sont bien sûr intégrées au nouveau « Livre de normes graphiques ».

La définition de ce cadre n'empêche en aucune manière de réfléchir à l'évolution des formes. L'adaptation aux nouveaux marchés, la souplesse requise pour faire face à des demandes contrastées, exigent de la marque une réflexion toujours renouvelée : comment LU est-il reçu par nos voisins européens, par le marché américain, mais aussi au Pakistan, en Inde, en Malaisie, en Chine ?

On s'est ainsi aperçu que le packaging est le média le plus efficace pour pénétrer de nouveaux marchés, et le support publicitaire le mieux approprié pour diffuser l'image de la marque. Le concept du packaging est souple et s'adapte aux exigences de la consommation : l'Américain consomme les biscuits conditionnés en sac, le Français préfère le cartonnage, les Anglais, qui disent « ne pas aimer qu'on leur vende du vent », apprécient le rangement très compact des biscuits sous un matériau d'emballage souple. Il faut savoir que les Espagnols aiment les biscuits au petit déjeuner, et que les Scandinaves l'émiettent dans leur lait caillé…

LU suit les goûts, les mœurs et même les manies mais sait rester fidèle aux principes qui définissent son identité. Il est passionnant de travailler à modifier certains éléments de conditionnement (format, matériau) et de rester fidèle à quelques autres (logo, couleur). Il faut envisager chaque nouveau marché comme la rencontre singulière et originale entre un produit et une culture.

La mondialisation du marché a l'avantage de produire un enrichissement croisé des techniques de marketing et des « secrets » de fabrication. Les années soixante-dix étaient sous le signe du cracker salé pour apéritif, les années quatre-vingt sont marquées par le développement de produits gourmands et ludiques, notamment par l'utilisation du chocolat par voies d'enrobage, d'inclusion et de présentation. Lu réinvente le Cookie américain avec une recette très particulière à base d'une pâte riche dans laquelle on pratique de multiples inclusions de chocolat. Le Petit-Écolier au chocolat est une idée allemande réalisée d'abord en Belgique : ce délicieux biscuit associe une base Petit-Beurre à une tablette de chocolat – le savoir-faire réside dans la maîtrise technologique de l'application d'une plaque d'excellent chocolat sur le biscuit, et dans l'équilibre organoleptique entre la base et le chocolat. Mais le « secret » de ce produit tient aussi à ce que le biscuit étant légèrement plus grand que la plaque de chocolat, le gourmand peut savourer sans se salir les mains ! Le Mikado nous vient du Japon : le principe de ce stick enrobé de chocolat nous intéressait. Pour l'implanter en Europe, nous nous sommes associés à la société japonaise Glico qui l'avait créé et le commercialisait en Extrême-Orient. Il nous a fallu toutefois adapter la qualité du chocolat à l'exigence du marché européen, l'enrobage japonais étant à l'origine à base de crème grasse.

Pim's

Ci-contre : publicité destinée au biscuit Pim's, petite génoise enrobée de chocolat et fourrée à l'orange. Agence Bélier, Paris, 1984.

Ci-dessous : l'étui en carton contenant les biscuits. Création Raymond Loewy, 1984, remaniée par Style Marque, 1988.

Prince

Ci-dessus : le premier paquet de Prince, commercialisé par De Beukelaer, d'une contenance de 15 biscuits. Paquet constitué par une enveloppe de papier ondulé, entouré d'un papier aluminium et d'une cellophane imperméable imprimée en 6 couleurs, 1978.

Ci-contre : versions successives du paquet LU d'une conception identique au précédent, 1982.

Le Petit Écolier

Ci-contre et ci-dessous : étuis en carton destinés au Petit Écolier. À l'intérieur, barquettes en plastique enveloppées de polypropylène. Création Hotshop, Paris, 1989.

Paille d'Or

Ci-dessus, de gauche à droite :
Le premier paquet de Paille d'Or, 1911.
Projet d'un cartonnage contenant 48 Paille d'Or, années 1930.
Paquet de 18 Paille d'Or créé par André Maurus, années 1950.
Botte (deux paquets de 18 Paille d'Or) créée par André Maurus, années 1950.
Botte créée par Raymond Loewy, années 1960.
Boîte de Paille d'Or en métal imprimé de format « 1/8 de boîte » créée par Raymond Loewy, 1965.

Ci-contre : l'actuel paquet de Paille d'Or, conçu par Raymond Loewy dans les années 1960, contenant 72 gaufrettes en 4 paquets de 18.

D'OR
LU
LA FRAMBOISE

Paille d'Or
LU

la Paille d'Or
LU
la Paille d'Or
LU

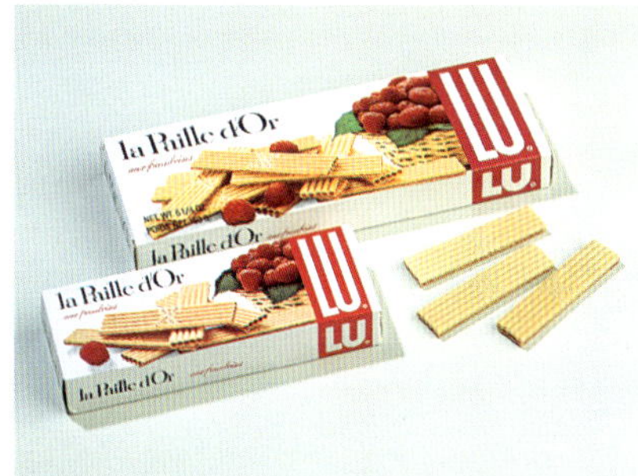
la Paille d'Or
LU

GARANTIE
LEFÈVRE
LU
UTILE
1846
D'OR
LU
POIDS NET : 170 g

MIKADO
Biscuit stick
enrobé de chocolat fin
Stengeli mit feinster
Schokolade umhüllt
Biscuit stick
omhuld met fijne chocolade
Glico
MIKADO
LU

Mikado et Hello !

Page précédente : publicité destinée au Mikado, années 1980.

Ci-dessous et ci-contre : cartonnage vertical destiné à Hello ! Les cookies sont disposés dans une barquette en P.V.C. surenveloppée de polypropylène. Le conditionnement assure une protection efficace. Création Hotshop, Paris, 1986.

Page suivante : publicité destinée aux biscuits LU, années 1980.

le petit écolier
LU

Une fois de plus, l'invention de goûts nouveaux va de pair avec l'innovation du packaging : le paquet vertical de Hello ou le séduisant système de pliage et d'ouverture de Mikado ouvrent la voie pour les réalisations à venir. Le packaging doit non seulement être très attractif mais il doit proposer un service. LU travaille à développer les tendances les plus actuelles : c'est le cas des emballages « pocket » très adaptés aux nouvelles exigences d'une consommation qui n'est plus liée à un rituel (le goûter de quatre heures à la maison, le dessert en famille, etc.), mais se soumet aux exigences de rapidité et de mobilité de la vie contemporaine (manger en marchant, calmer un stress par un apport ponctuel d'énergie, accompagner les pratiques sportives citadines, etc.).

Plus les influences sont nombreuses, moins les métamorphoses sont rapides, et plus nous devons marquer notre volonté d'associer l'héritage du passé aux expériences nouvelles. L'attachement aux saveurs qui ont fait la renommée de nos produits peut être menacé par les processus de standardisation. Même la recette du Véritable Petit-Beurre LU se voit modifiée aujourd'hui par la transformation de ses procédés de fabrication. Ce biscuit, jeune de cent ans, a sans doute encore beaucoup à nous apprendre... Si l'histoire des biscuits LU fascine par la richesse de ses productions, par l'inventivité de ses formes, par l'éclatante affirmation de son image, c'est qu'au fond une seule chose a toujours importé : la rigueur et le perfectionnisme de la fabrication. Il n'y a pas de réflexion possible sur l'image de marque, les techniques d'emballage et les supports publicitaires sans l'affirmation d'une production de qualité supérieure.

Je voudrais conclure sur les raisons du succès des produits LU. Elles peuvent selon moi se résumer à trois exigences : la volonté de toujours rechercher la qualité supérieure par le choix des matières premières et l'amélioration constante des critères gustatifs, le respect rigoureux des recettes et des procédés qui ont fait leurs preuves, et la recherche permanente de produits nouveaux réellement nécessaires à l'élargissement des marchés. C'est ce que les consommateurs attendent de LU : innover tout en sachant maintenir à l'identique les produits qui ont fait la renommée de la marque.

Responsable éditorial : Éric Reinhardt
Suivi des textes : Nathalie Léger
Conception graphique et réalisation : Thierry Dubreil
Correction des épreuves : Christine Monnet

Photographie du recto et du verso du Petit-Beurre
(quatrième de couverture et page 34) : Daniel Schweizer

Photogravure : Sele Offset, Turin
Impression : Artegrafica, Vérone

ISBN 2 85025 428 2

Printed in Italy

LEFEVRE-UTILE
PARIS 1900
PETIT-BEURRE
GRAND PRIX
LU
BISCUITS
ALBUM
NANTES
LEFEVRE-UTILE
NANTES
LES PLUS HAUTES RÉCOMPENSES DÉCERNÉES AUX BISCUITS
PETIT-BEURRE
QUALITÉ SUPÉRIEURE
PETIT-BEURR
LEFEVRE-UTIL
TRAMWAYS DE
BISCUITS
LEFÈVRE-UTI